「定借」の活用と実際

荒木清三郎

「定借」の活用と実際

信山社双書
実際編

信山社

は し が き

　時の移り変わりで借地・借家事情も安定し，従来の借地法・借家法に代わり借地借家法が平成4年(1992年)に施行された．これにより，かって地主や家主にとって不本意であった貸借での「正当の事由」が改められて，合意による賃貸関係がつくられた．ここで創設されたのが，定期借地権及び定期借家(権)である．これらは，地主・家主側と借地人・借家人側の双方から歓迎される仕組みを備えている．

　定期借地は，これまでの借地と異なり借地期間を限定したもので，契約更新や期間延長・建物買取請求をしないのが原則である．期限が来たら更地に戻して，無条件で地主に返すことになる．定期借家は文字どおり期間限定の契約であり，期限が来れば借家契約が終了する．

　これにより"貸したら帰って来ない"といわれた借地・借家の問題が解消されることになったが，現実はそれ程でもない．"借りたら返す"ことになっても，貸借の手続きが繁雑になって，定期借地の契約は**公正証書**など書面によることが法定されている．定期借家も契約条項の説明や事前通知義務が煩わしいことがある．どの制度もそれぞれに長短があるが，この制度は土地や建物が保全され貸借関係が安定することで，**資産運用を計画的にできる**利点がある．

　いわゆる「定借」の意味するものは貸借の閉塞からの解放で，借地や借家を本来の姿に戻したものと言える．これらの改善は好まし

い在り方として理解されるが未だに一般化していない．すなわち，市場が未成熟なことである．この普及が図れない限り，法の趣意は部分欠落し未完成であることになる．法律の施行以来15年を経過しているが，これらにも留意が必要となる．

現時点でマンションを含む定期借家はおよそ4万5,000戸で，年間4,000戸のペースである．これは民間賃貸住宅1,300万戸の数％に過ぎない．定期借地も，需要者に所有意向が強く，普通借地に増して敬遠されている．しかし，変化の兆候が表れ始めている．都市機構（旧住宅公団）住宅に09年度から定期借家権が導入されたことである．公共住宅としての問題もあるが，約77万戸といわれる住宅の「定借」化の波及が注目される．一方で定期借地権には，自治体の遊休地活用の戦略として多くの展開がみられる．民間においても，大型プロジェクトの事例が出現している．

「定借」は貸借関係の是正の意味合いを持たされているが，旧習の弊害は払拭されていない．地主・家主の根強い心情が未だに残っている事情がある．かっての借地法・借家法は，当時の土地・建物の利用に重要な役割を担ったが，地主や家主にとっては過酷な条件であった．また，"立退き料"の慣行も生んでいる．

これらの障害は排除され，正常で安定した貸借関係が予定されるが，旧法の扱いの問題がある．旧法での契約内容は，新法施行後も効力が残るということである．したがって，更新での「正当の事由」や賃料の「不相当になった」ことなどの判断論理は継続して適用される．これでは，貸借関係の改善の矛先が歪められているという感じは拭えない．貸借の存続期間を考えただけでも，残りの数十年の期間という壁がある．

借地借家法の枠組みは，社会・経済事情に対応する借地・借家制度の利用や契約当事者間の権利義務の公平な調整を内容とする．したがって，「定借」の普及論議とは別のところにある．賃料より売却利益を選考することや持家優遇税制などの政策とは画されなければならない．

　土地・建物の需給も，市場原理による企業行動に左右される．企業は成果のない行為は回避するので，公が先導する賃貸市場の整備が必要になる．住宅投資は，公共投資に匹敵する GDP 構成比を持つので，内需拡大の要素は損なわれない．「定借」は幅広い活用が可能で，その方策をみつける努力が大切である．

　貸借に関する法律規定の改正が俎上にある．民法の契約ルールを改正する法務省の方針で，民法学者を中心とした検討会・研究会での検討結果も公表されている．契約の基本原則の明文化・契約違反の場合の賠償責任などが内容とされるが，この見直しで貸借に関する規定整備も意図されている．新しい動きとして注目したい．

2009年8月　　　　　　　　　　　　　　　　　　　　　　著　者

目 次

序　章　「定借」を考える……13
　土地―民から公へ(13)／住宅―公から民へ(14)／金融危機と住宅(15)／地価の変動(17)／土地利用の変化(18)／住宅の質と量(19)／市場での資産価値(21)／住宅建設の経済効果(22)／景気変動と住宅市場(23)

第Ⅰ章　「定借」制度の意図と位置付け

1　政策としての「定借」制度……27
　土地白書と「定借」(27)／土地基本法の理念(29)／住生活基本法の理念(31)／2つの理念の方向性(32)／地域マネジメント(33)／PMO(35)／リースホールド(35)

2　借地・借家の保護と限界……37
　強行規定と借地・借家権の保護(37)／借地契約(38)／借家契約(39)／民法規定との差異(39)／利用権保護のための物権化(40)／利用関係の安定化(42)／利用関係の保護(43)／借賃の増減額請求について(44)／賃借権の救済と制限(44)

3　借地・借家法制の変遷……46
　借地借家法(46)／改正の目的(46)／民法規定との関係(47)／借地権(48)／借家権(49)／旧法と新法の適用関係(49)／定期借地権(50)／期限付き借家(51)／定期借家権(52)／借地借家法の改正と方向(52)

第Ⅱ章　「定借」の事例と実態

1　戸建て住宅……55
　定期借地(55)／定期借家(59)／借地と借家との違い(61)

2 集合住宅等 ……………………………………………………62

「定借」の活用(62)／借地と借家(62)／借地の特殊な形態(63)／借家の特殊な形態(65)／再開発事業での「定借」(66)／商店街の再生事業(68)／区画整理に「定借」を(69)

3 「定借」導入の実態 ……………………………………………71

事業用借地権の実態(71)／借家権の課題(72)／正当事由制度の検討(74)／諸外国における定期借地・借家(74)／リースホールドとフリーホールド(75)／韓国での対応(77)／中国での対応(78)

第Ⅲ章 「定借」の評価

1 定期借地 ……………………………………………………………81

供給実績(81)／定借持家の実態(82)／事業者調査(83)／公的主体による供給(83)／定借住宅の二次流通(84)

2 定期借家 ……………………………………………………………86

事業者調査(86)／家主調査(87)／入居者調査(87)

3 定期借地・借家を巡る環境 ……………………………………89

借地と借家の市場(89)／住宅供給の実際(90)／賃貸ビルの賃料評価(91)／不動産市場の動向(92)／投資行動の傾向(93)／不動産投資と金融(94)／プロジェクト・ファイナンス(95)／不動産流動化と金融商品化(97)／REITの実態(98)

第Ⅳ章 これからの「定借」の方向

1 「定借」の底辺をさぐる …………………………………………101

借地関係の変化(101)／住宅政策の変遷(102)／住宅の確保(104)／住宅着工減と価格高騰(105)／変動する地価(105)／不動産ファンドの動向(106)／地価と賃料(108)／実質賃料と支払賃料(109)／投資利回りとキャッシュフロー(110)

2 「定借」の仕組みを考える …………………………113
制度における基本課題(113)／「正当の事由」とは(113)／判断の要素と基準(115)／「不相当になった」とき(116)／「継続賃料」を巡る訴訟(117)／賃料の改定について(118)／特約と強行規定(120)／200年住宅と「定借」(121)／住み替えを前提にする社会(122)／下駄履き建築の可能性(123)／密集事業と「定借」(124)

3 「定借」の展望……………………………………127
「定借」の普及(127)／社会的な寄与(128)／土地費負担の軽減(128)／土地利用の関係改善(129)／「定借」の事業化(130)／集合住宅の維持(131)／まちづくりと「定借」(132)／農業改革と「定借」(133)／「定借」の展望(134)

あ と が き……………………………………………………137

事 項 索 引 (巻末)

序 章 「定借」を考える

　「定借」,すなわち定期借地権及び定期借家権について考えるにあたって,その基盤である土地及び建物(主に住宅になるが)の意義や実態を把握しなければ論議は進まない.この場合に,いろいろな角度から推量することができるが,個別要素としての所有と利用,質と量及び資産としての価値の3項目,さらに総合的な要素として需要と供給を判断する景気の動向についても検討されなければならないと考えている.そのような視点から,土地と住宅が市場や経済,社会的要因によって変化する過程を考察して,その延長としての現状を確認することが必要と思っている.序章として,まず,これらのことに触れたい.

| 土地—民から公へ |

　明治以降,わが国はあらゆる面で欧米を追いかけてきたが,これらの諸国の土地利用に関する考えに対するわが国のマイナス思想には,大きく次の2点があるといわれている.

　1つは,「建築の自由」の考えである.市民としての財産権に関するものだが,税金を払ってさえいれば,どのように使っても構わないという考えである.つまり,市民としての納税の義務を果たしていれば,何をしてもいいということだ.ここで問題なのは,「何もしなくともいい」ということである.例えば,ドイツにおける土地利用計画(略称Fプラン)や地区計画(略称Bプラン)のように,所有者に土地利用に関する枠組みを示して,土地と建物を一体的に整備する方式を強制している.わが国でも,平成元年に制定された「土地基本法」には,これらの都市計画の基本となる土地利用計画が含まれているが,現行の「都市計画法」に

は土地利用計画という概念は条文上は明示されていない.

　2つには,「開発利益」の私的な取得である.土地への課税については,譲渡所得あるいは所有についての課税が行われているが,いずれも財政政策の範疇である.しかし,土地の価値の増加は社会資本の整備によるものだから,自分のものとしてはならないと考えるのが正当とされている.**土地基本法**はこの点について,社会的経済的条件の変化による増加した利益に対する負担を明確にしている.「**住生活基本法**」(平成18年)にはこれらのことは規定していないが,それぞれの属性に違いがあっても融合して価値が形成されるものと考えれば,利害に応じた負担は求められることになる.

　これらについて,海外での対応は厳格である.隣国の韓国では1990年に「土地公概念関連4法」が施行されて,土地からの不労所得は資本主義の精神に反するので,国がその一部を還収(徴収)することにしている.その後も,土地所有者の独占的な影響力や土地価格の上昇を排除することを法制度化した.基本的には,開発利益の還収についての強権的な行政作用といえる.わが国でも,08年の公示地価が2年続けて上昇したが,米国発のサブプライムローン(信用力の低い個人向け住宅融資)問題の影響で下落圧力が強まり,09年には大都市では前年比20～30%も下落した地点がある.このため現時点では,地価上昇の課題は消滅したかにみえるが,人口の大都市への新たな集中傾向もあって土地利用や土地価格の2極化現象が表れている.今後の地価動向には,都市のインフラの整備,居住環境の改善を始めマンションの老朽化対策,住民参加や自治体機能の強化に伴う全体から部分への都市計画の転換などを視野にいれた対応が求められる.

|住宅―公から民へ|

　住宅の建設コストは,市場競争のもとでの価格であるが,住宅価格の高止まりは地価高のからの影響を免れない.かってといっても最近までのことだが,

これまで金融緩和による金余りの中での不動産融資による「不動産ファンド」の拡大があった．

　低利を背景に，効率良く資産活用する手段の一つとして不動産投資に対する関心が高い．遊休地を活用する賃貸住宅や投資向けのワンルームマンションなど実物の不動産投資なら以前から行われていたが，今では企画から管理までのすべてを代行する方式が一般化している．さらに目立つて増えたのが，不動産ファンドである．いわゆる不動産の「証券化商品」で，投資マネーが価額を左右する構図となっている．不動産会社などがビルやマンションなどを小口の証券にして発行するもので，賃料などによる収入を投資家に分配する仕組みである．

　ところが，思わぬ転機が訪れた．わが国の耐震構造偽造問題に端を発した住宅着工の低迷，引続く米国発のサブプライムローン問題，更には今回のリーマン・ブラザーズの破綻を端緒とする世界の金融危機と，これらのすべてが住宅を起因としている．住宅金融のあり方については，08年4月に国際通貨基金（IMF）が住宅金融の革新が先進国の金融政策に及ぼす影響について警告していた．金融技術の発達で家計が住宅ローンを組みやすくなった結果，民間の住宅部門の変動による経済全体への波及効果が大きくなったと指摘し，各国の金融政策は住宅市場の動向を十分に目配りする必要があり，金融機関の監督強化も強調している．

金融危機と住宅　サブプライムローン問題による欧米市場の金融不安が本格化してから1年が経つが，世界の金融機関での関連損失はなお拡大を続けている．今回の金融危機では，米政府が不良資産の買取りを含む総合的な金融安定化策を打ち出している．まず，不良債権を持つ2つの住宅金融公社を公的管理下に置いて住宅市場の底割れを防ぎ，新政権は公共事業や減税を盛り込んだ74兆円に及ぶ景気対策法案を議会に提出した（97年の日本の金融危機では10兆円の公的資金が投入された）．米連邦準備理事会（FRB）も政策金利を現

行の年0.0〜0.25％で据え置くほか，市場への資金供給策として長期国債の購入するとしている．そのほか，世界経済への影響や海外投資家の信認を維持するために，金融取引の中核である保険会社や主要な産業である自動車企業の支援，住宅市場のテコ入れを拡大している．

なぜ，住宅を起因とするこのような問題が起こるのか．それらの因果関係を考えてみたい．金融市場の危機は，住宅バブル崩壊と表裏をなしている．住宅バブルとその崩壊は，これまでの様々なバブルと同様に，過剰供給による価格の急落が生じた結果である．住宅価格の上昇を見込んだ信用力の低い個人向けの融資（サブプライムローン）は，その債権が証券化され世界中に売りさばかれた．住宅価格の下落で融資が返済されず，証券化されたローンが不良債権化し，急速に他の金融商品市場に汚染が拡大したことにある．米国の金融市場の危機は，深刻な信用収縮と金融資産の価値の下落であると指摘されている．

そもそも証券化や金融派生商品（デリバティブ）とは，貸金のリスクを分散する効果を期待する取引である．借用書を小口に分けて，第三者に売買してリスクから逃れる複雑な金融商品を形作る．個人にも馴染みのある株価指数先物も，同類に属するものである．ローンとして代表的な住宅ローンが証券化され，同商品の全世界の発行額は1兆6,000億ドル（168兆円），企業の債務不履行を保証する商品の残高は62兆ドル（6500兆円）といわれ，これらの増殖した商品が全世界にばらまかれた．対象となった米国の住宅市場のバブルが弾けると，一気にリスクが表面化したということである．

しかし，バブルが崩壊しても証券化そのものはなくならない．わが国でも個人が長期固定の住宅ローンを借りられるのも，このリスク分散による融資の恩恵を受けることでも納得できる．以上のことを考えると，居住の保障という住宅の存在は，従来の意味合いから離れて，市場経済の範疇に組み入れられていることになる．今回の金融危機の解消には，住宅価格の下げ止まりにかかっており，下げ止まりによる不良債権の処

理が期待されるが、まだ市場には不透明な面が多い．米国の景気判断も下方修正されており、経済成長の下振れや物価安定のリスクが懸念されている．まずは、ドルの暴落を防ぎ、金融システムの連鎖的破綻を回避するのが、最優先課題とされている．

地価の変動

　地価の変動を示す指標として、毎年発表される「公示地価」と「基準地価」がある．09年の公示地価は1月1日時点の全国で約2万8,000地点の標準地を、基準地価は7月1日時点の全国の住宅地・商業地約2万3,000地点と林地約600地点が調査対象とされた．公示地価が都市部の比重が高いのに対し、基準地価は調査地点が幅広く取られている．どちらも土地取引の目安とされるが、都心部などでは実際の取引価格を下回るとみられている．

　09年の地価の特徴をみると、1月と7月との時点での地価変動率の相違が著しいことが挙げられる．公示地価と基準地価（カッコ内・08年）の変動率を全国平均でみると、住宅地が▲3.2%（▲1.2%）、商業地が▲4.7%（▲0.8%）となる．同じく三大都市圏では▲3.5%（1.4%）、▲5.4%（3.3%）となっている．地方圏でも住宅地・商業地とも下落幅が縮小していたが、09年は再び下落幅が拡大した．

　地価は、08年には全国平均（全用途）で前年比1.7%（公示地価）上昇して2年連続で前年を上回っていたが、08年7月時点の基準地価では1.2%下落し、さらに09年の公示地価ではマイナス8%（都心部）と3年ぶりに下落した．これは、サブプライムローン問題の影響で不動産への資金流入が減少し、景気の低迷を背景に企業や個人の土地取引の動きが鈍っていることを示している．2, 3年前に大幅に上昇した東京や大阪の中心部では、不動産向けのマネーの収縮に加えてオフィス需要も冷え込んでいる．不動産会社の大型倒産も相次ぎ、地価の下落傾向は続くとみられている．

　リーマン・ブラザースの破綻に始まる世界金融恐慌は、地価にもショックをもたらしている．不動産の証券化の資金が行き詰まり、投資

した不動産の売却が相次ぐとみられている．低リスク資金を提供してきた日本の銀行も不動産向けの融資を慎重にしている．銀行の自己資本比率規制は，不動産融資の拡大を制限する機能もある．このため不動産関連融資が抑制され，貸出金利を引き上げている．不動産の証券化にとって貸出金利の上昇は，調達コストの上昇につながる．その分，証券化した商品の実質利回りが低下し，投資家からの資金調達が難しくなるという構図である．ここ2，3年の地価の持ち直しは内外の金融機関が証券化を通じて不動産にマネーを流し込んだことが大きいといわれるが，サブプライムローン問題をうけて世界的に不動産マネーに縮小圧力がかかっている．日本の地価も，景気後退に伴うファンダメンタルズ（経済成長や物価などの経済の基礎的条件）の悪化と流入したマネーで膨張した価格の修正のダブルパンチを受けたということになる．

土地利用の変化

　　資産バブルとも呼ばれる日本の1980年代後半の土地価格の高騰は，金融緩和策と金融自由化などの複数の条件が同時期に重なった影響が大きいといわれている．米国の貿易赤字是正に向けた85年プラザ合意後に，円高・ドル安が進んだ．86年から公定歩合を5度にわたって引き下げるなど，日銀による低金利政策が採られた．こうした金融緩和が地価の上昇の原因とされている．しかも，資金が不動産に流れやすくなった金融自由化があった．当時の市街地価格指数グラフを見ると，2000年を100とした全国の全用途平均の指数は，1990年が130，6大都市では300に達している．その後下降線となり全国平均，6大都市とも，07年は70程度の指数となっている．この傾向は，前述のとおりの展開となっているが，地価は今後ともこの趨勢を保つものと考えられる．

　土地は限りなく高騰するという土地神話が，日本人の意識に深く根付いた背景には，「国土が狭く土地は貴重なもの」との常識があるためといわれるが，土地余りは現実である．例えば，都市の市街化区域内にあ

る農地などは全国で約1万5,000㏊ある．農地の耕作放棄地も約40万㏊といわれる．これらのすべてが宅地へ移行するとは言わないまでも，これに産業の空洞化，事業の縮小や工場閉鎖などの既成市街地の空地を合わせると大きな数値なることは確かである．土地は持っているだけでは値上がりしない，という現実がある．そこで，土地の利用に変化が起こるということになる．

　地価の下落を経験して，「土地神話」も経済成長に支えられたものでしかなかったということを多くの人が悟った．土地を所有の対象とするのでなく，利用の対象とするという尺度である．土地は貸さずに値上がりを待つことが非現実的であると考える地主は，資産活用としての土地を貸すことに踏み切るようになった．一方，借り手側も所有にこだわらずに，現実の生活を優先することを選択するようになる．定期借地権を使えば，地主は土地は手放さずに利益を得ることができ，借地人は生活に適応した広い家を建てられることになる．ここに，土地利用の変化の形態として定期借地権付き住宅が登場することになる．

住宅の質と量

　　質の高い住宅の条件といえば，「長く住める」ということが挙げられる．アメリカにはもともと土地神話などは無いから，我々とは土地の価値観が異なっている．持っていれば，いつかは上がると思って土地を買う人はいない．その代わり家を買う．家は資産形成の第一歩で，将来の住み替えに備える．最初は小さくて安い家を買うことになるが，第一に考えるのは，値上がりが期待できるかどうか，売りやすい家かどうかである．住宅の構造や設備の耐久性，外観や内装のデザインも重要である．売るときには住宅だけでなく，周辺の環境も併せて売ることになる．入居後は住まいの手入れを怠らず，大事に住む．庭も隅々まで手入れをし，芝生をいつもきれいに刈り込んで家の価値をアップさせる．さらには自分の庭だけでなく，近隣の人たちと話しあって美しく統一された快適な環境づくりもする．

このように資産価値を高める努力して，住み替えるときには買ったとき以上の値段で高く売ること考える．ただの住み替えではなく，住み替える度に資産を増やすということである．アメリカ人は平均7.5回，家を買い替えるという．

　以上のことを考えると，現在，金融危機の瀬戸際にある米国のサブプライムローン問題の発生の原因が素直に受け取れる．これには，住宅価格の上昇を見込んだ個人向け住宅融資の返済が焦げ付き，不良債権化した住宅ローンの姿が重なる．さらに米国では，家計が持つ住宅の値上がり分を担保にお金を借りる「ホームエクイティ・ローン」も普及している．米連邦準備理事会（FRB）の試算では，家計の保有資産が1ドル上がると個人消費は3.75セント分増えるとしている．住宅バブルが国内総生産（GDP）の7割を占める個人消費をかさ上げしてきただけに，住宅価格の下落は消費の悪化を招くと危惧されている．

　わが国でもそうだが，米国の住宅市況は悪化が続いている．08年の年間住宅着工件数は前年比33％減の90万戸で，91年の101万戸を下回り過去最低の水準となっている．物件の値下がりが止まらない状況で，販売の減少と価格の急落に見舞われている．現在，米国での住宅着工戸数が大幅に減少しているが，過去にも大幅にダウンした時期がある．1933年の世界経済の大恐慌のときである．このときはピーク時の93万戸から9万7,000戸に激減したという．90％ダウンとは信じられないようだが，事実とされている．こうした超縮小の市場の中で，住宅産業は激しく淘汰された．それでも，「長持ちする住宅」を提供する企業だけは存続したという．日本の住宅の耐用年数は短い．各国の数値調査によると，イギリスは140年，アメリカは100年，フランス86年，ドイツ80年で，日本は26年という．このような状況だから，中古住宅の評価は0に等しくなる．耐用年数の長い住宅づくりは，昨今始まったことではない．国土交通省は昭和60年から推進してきた．このところ，住宅の資産としての価値や環境への配慮から「住生活基本法」の制定を始めとして，200年住

宅とか100年住宅が語られているが，ようやく普及の兆しが見え始めている．ここには定期借地権が登場する．「定借」の土地に住宅を建てれば，50年経ったら更地にして土地を返還することになる．住宅が30年で老朽化したのではしょうがない．耐久性のある，長く住める家が求められる理由がここにある．

　日本の住宅政策は現在，「ストック重視」を目標としている．特徴とされるのは居住水準であり，量から質への転換である．これに対し，総務省が5年ごとに行っている「住宅・土地統計調査」(03年)によると，住宅戸数5,390万戸に対し世帯数は4,730世帯である．計算上では660万戸の住宅余剰となる．このことも課題としなければならない．

市場での資産価値　　外国企業からの批判として，日本の不動産市場の情報開示の遅れや情報量の不足がある．物件を取得するための評価，判断基準が少ないということである．不動産の証券化や時価会計（金融資産を時価で評価し，損益処理することだが，金融危機で一部凍結の動きがある．）の立場からも求められている．

　米国のサブプライムローン問題を契機に，直接金融システムのインフラである格付けの信頼性が揺らいでいる．今回の金融危機で，「格付け会社」が果たした"役割"が批判されている．金融危機の引き金は，住宅ローンを担保にした債務担保証券(CDO)などの証券化商品の価格急落が原因とされて，格付けと担保実態の乖離が指摘された．米国での証券化商品には，企業の上場審査のような審査規準がなく，引受証券会社の審査はともすると住宅ローン会社寄りになり勝ちだ．しかも，格付け会社は引受会社の提供する情報の可否を調査する義務を負わないという免責もあり，格付け理由を開示する必要がない．今後はこれらについての規制強化が，課題となっている．

　日本でも，公募社債のデフォルト（債務不履行）が相次ぎ，投資家の格付けへの見方が厳しくなっている．日本ではトリプルB格の社債が，機

関投資家の購入する最低格付けとされる．格付けがダブルB以下となると社債での資金調達はほぼ絶たれることになる．これに対し，格付けの低い社債も活発に取引される米国では，ダブルB以下が4分の3近くを占めているという．格付けは本来，発行者と投資家の双方にメリットがある．直接金融市場のインフラとして格付けに変わるものがない以上，信頼性を高める取り組みが急がれる．

世界の証券規制当局でつくる証券監督者国際機構は08年5月に，格付け会社が守るルールを定めた行動規範の見直しを決めた．証券化商品の格付けの透明性を高めるために，格付けでの分析対象データの開示や顧客との関係を公表することとした．

さらに，日本の金融庁は金融サミットで合意された「行動計画」の具体化措置として，格付け会社の登録制導入を盛り込んだ法案を準備している．既に米国は導入済みで，欧州連合も同様な方針を決めている．また，国際的に活動する金融機関を監督することとしている．

住宅建設の経済効果

一国の経済活動をみる上で最も総合的な経済指標に国内総生産（GDP）がある．GDPは一国の経済規模を示すもので，国内でどれだけ財やサービスが生み出されるかを示す．またGDPは，国内で分配された所得の合計にもなる．日本の07年の名目（物価変動等を考慮しない）GDPは約520兆円で，米国に次ぐ世界第2位を維持している．しかし，世界のGDPに占める比率は，1994年の20％から8％にまで縮小しており，地盤低下が進んでいる．その構成比をみると，主要産業のシェアーは農業水産業1.5％，建設業6.3％，金融・保険業6.5％，卸売・小売業が13.5％，製造業21.3％，サービス業が21.4％となっている．製造業が拡大基調の反面，公共投資に影響される建設業，個人消費の影響がある卸売・小売業が縮小して，需要が産業構造にも波及していることが分かる．

経済成長を年代別にみると，1960年代の高度成長期は10％台の成長を

遂げたが，70年代は2度の石油危機により5％～3％台と大きく減速した．ただし80年代後半になると，バブル経済により一時的に成長率が高まっが，バブル経済が崩壊した90年以降は設備・雇用・債務の「3つの過剰」の処理に苦しんで，成長率は平均で1.5％に落ち込んでいる．2000年代は07年まで平均で1.7％と改善したが，昨年表面化した米国のサブプライムローン問題を機に，経済成長率がマイナスに屈折する局面を迎えている．

住宅投資が名目GDPに占める割合は，07年時点で3.7％である．GDPに占める割合は少ないが，住宅投資は設備投資と同様に振幅が大きく，GDP成長率を大きく左右するといわれる．事実，07年の10～12月期は建築基準法改正の影響で実質成長率を0.3％押し下げた．さらに，住宅投資は家具や家電などの耐久消費財の消費を促す効果もある．毎月公表される住宅着工統計は住宅投資の先行指標となるが，08年の住宅着工件数は前年比0.3％増の104万戸だった．

住宅投資は所得以外に税制やローン金利，地価，人口動態などに影響される．例えば，消費税引上げ前の駆け込み需要や住宅ローン減税，景気の動向にも大きく左右される．現在では景気下降予測に加え，先行き不透明感があって，住宅需要に陰りがみられる．

米国発の金融危機で世界的な株安と円高が進み，消費者心理の後退や不動産融資環境の悪化で，国内の住宅市場が一段と低迷を始めている．08年の分譲マンション発売戸数をみても，バブル崩壊直後の1992年以来16年振りの10万戸を割り込む見通しであるといわれる．家電などの耐久消費財の需要にも波及しかねず，政府は今年末で期限が切れる住宅ローン減税の延長・拡充に踏み切っている．

| 景気変動と住宅市場 |

景気の変動は，谷から山を経て次の谷に到達するまでが一つの循環とされる．実質経済成長率をみると，景気の山は1956年に始まる神武景気，岩

戸景気を経て65〜70年のいざなぎ景気による11％台の成長を得たが，73年と79年の2度の石油ショックの谷を経て85年のプラザ合意（ドル高是正），89年の消費税導入となって5％台の成長率となった．91年頃からバブル崩壊の兆しが見え始め，ゼロ成長となっている．98年には銀行の破綻もあり，景気はその後低迷を続けたが戦後最長景気（69か月）を記録した．しかし，今回のサブプライム・ショックによって，09年の成長率は0〜マイナス2％と予測されている．

このように景気の活況と低迷を経験したが，現在もまた，1930年の大恐慌にも似た金融・経済危機に翻弄されている．政府も景気の後退局面入りを認め，景気の下押し要因は世界経済の同時減速としている．株式相場の急落，急激な円高による外需の打撃は，企業部門だけでなく家計も萎縮させている．石油危機や金融危機が世界を襲った歴史を振り返ると，経済の底割れ防止しとともに下支え役の出現が期待される．

景気減速も金融から実体経済へと移行し，住宅市場ではサププライム問題に端を発した住宅の値下がり，信用収縮による貸し渋りで企業活動は停滞している．米国や欧州でも，住宅調整が本格化している．住宅の値下がりが止まらないためで，住宅関連の新規融資はこの2年で14分の1に激減したとされる．

日本でも，住宅不況の先が見えない．住宅着工戸数は前年割れが続いている．需要が冷え込んだところに，鋼材などの資源高が追い討ちをかけた．不動産業の倒産件数が増え，マンション開発業者の相次ぐ破綻でゼネコンなどの取引先企業の経営に影響がでているという．08年の住宅着工戸数は，前年度とほぼ同じ規模の103万9180戸だったが，06年の128万戸を大きく下回り，住宅不況の先行きは視界不良が続いている．

マンション市場をみると，08年の首都圏での価格は3年前に比べて3割値上がりしている．景気の減速で賃金上昇が期待できないことから，消費者は高額物件には手を出さない．07年の需要が持ち越された分，08年の需要が戸数増が見込まれるはずだが，さらに2割減に落ち込んだ．

割高な新築の販売が低迷する中で，中古市場は堅調といわれる．三大都市圏の中古市場では07年には13.6％の増加があり，08年には約40万戸の需要があると見込まれている．中古住宅の人気化で価格は上昇ぎみだが，それでも新築の約6割という値ごろ感が強いことにある．

　市場について考える．金融恐慌や経済破綻についての変革の道筋として自由か規制か，或いは市場か政府かという議論がある．経済はこれらの二元論では語ることはできないが，市場の存在を否定することはできない．市場には，無数の様々な自発的な活動を原動力として，自由や公正といった価値の実現をめざす思想がある．市場主義といわれる．一方，市場原理主義といわれるものがある．市場メカニズムにすべてを任せるという思想である．市場原理を重視しても，競争的であっても資源配分に問題がある「市場の失敗」を認めており，必要な分野に限定した公的な介入の必要性を認めている．

　当然に，今回の金融危機の克服，景気の底割れ防止には，各国政府の公的資金の導入や金融規制の強化などの政府の介入が必要となる．また，企業のグローバル市場での奔放な振る舞いの果てに起きた金融危機には，政府と企業の関係がさらに濃密とならざるを得ない．

　1930年代の大恐慌では，米国は自由放任政策の幕を引いてニューディール政策を取った．80年代では「大きな政府」から「小さな政府」へと，規制緩和による経済の活性化が行われた．今また，大きな政策転換に迫られている．市場の役割は大切だが，危機に際しては政府が歯止め役とになる．民間の需要が落ち込む局面では，減税や公共投資が景気の下支えとなる．

　問題は，米国での住宅バブル崩壊の行方である．かっての不況とは桁違いで，経済を根元から揺さぶっている．引き続く，金融機関の破綻や自動車販売の低落なども気にかかる．さらには，金融対策がこれまでの財政赤字の拡大を加速させることがある．長期金利の上昇を招くようだと，ドルの基軸通貨の地位が損なわれことにもなり兼ねない．世界の金

融安定対策には日・米・欧の連携が取られているが，その舵取りが難しい．米国の不振が長引けば，日本経済に打撃を与える．個人消費への影響による経済減速も懸念される．景気後退入りした日本では，雇用・生産への影響が出始めた．所得や株・不動産など家計の資産が目減りすれば，「逆資産効果」で消費をさらに減退させる．このため，地価の冷え込む土地市場，視界不良の住宅市場の態様は暫く続くものと考えられる．

第Ⅰ章 「定借」制度の位置付けと意図

　定期借地権及び定期借家(権)は借地借家法の特別規定として，従来の借地・借家契約の問題点を解消する意味合いを持たされている．また，借地及び借家契約における強行規定に対する特約としての作用も働いている．

　数次の法律改正や行政運用によって「定借」制度が整ったが，その本質が社会に十分理解されているとは思われない．これは，単に活用件数の伸張がないということをいうのではなく，「定借」制度を部分的に解釈し，歪曲しているのではないか．そのような疑問を背景として，改めて制度を俯瞰してみる．

1　政策としての「定借」制度

土地白書と「定借」

　　平成12年版の土地白書の書き出しは「土地をめぐる百年」と題して，本年は20世紀最後の年にあたるので，明治以降のこの百年間のわが国の土地をめぐる状況について，社会経済の変化に伴う土地利用の変遷や地価の動向，土地に関する諸制度の進展等を振り返り，現在の土地をめぐる諸課題の検討に資することとしたい，と始まっている．その章に，《土地所有と利用をめぐる法制度の変遷》として，近代的土地所有権の確立としての民法(明治29年)や旧借地法・借家法(大正10年)の制定時の社会事情及び改正に関する記述がある．その中には，民法の特別法としての区分所有法の制定や区分所有建物及び登記の特例についても触れられているが，土地所有と利用をめぐる動きとしての定期借地権制度(平成3年)

と定期借家制度（平成11年）についても述べている．その制度化には，投機目的となっている土地取引への対策及び土地基本法（平成元年）の理念の具現化が挙げられている．また，土地の有効利用を図るための土地市場の整備が強調されている．

　平成3年（1991年）の借地借家法の制定によって創設された定期借地権付き住宅は，この時点では約2万戸（うち，マンション約6千戸）の供給実績となっている．さらにこの時期には，定期借家制度も創設されている．これらは，土地の「所有から利用へ」という土地政策の理念に則したもので，制度の活用と普及が謳われている．この時点での「定借住宅」の供給は，もっぱら個人所有の土地を活用した民間事業者による方式が主流で，土地所有者の意向待ちの状態であったため供給戸数が伸びず，地方公共団体や公団による活用や法人が所有する低・未利用地などの活用が期待されていた．

　こうした中で，平成11年に土地政策審議会（現，社会資本整備審議会）の『今後の土地政策のあり方』についての答申が取りまとめられた．この答申では，土地に関する基本的認識として土地基本法が定める4つの基本理念のうち，中心的な課題となる「土地についての公共福祉の優先」を押し進め，「土地の適正な利用の実現」を図ることとされた．そして，今後の土地政策の目標として，「所有から利用へ」の理念の実現を図ることになった．

　また平成9年にはこの答申を先取りした，今後，政府として推進していくべき土地政策の基本的な指針として『新総合土地政策推進要綱』を閣議決定している．その土地政策の目標とされたのは，次の4点である．

① 土地政策の目標—地価抑制から土地の有効利用への転換
② 土地の有効利用の促進—総合的な土地利用計画の整備・充実と土地の有効利用のための諸施策の推進
③ 土地取引の活性化の促進—不動産取引市場の整備
④ 土地政策の総合性・機動—土地対策関係閣僚会議等の積極的な活

用性の確保

参考までに,この目標に対する平成12年度の主な進捗状況をみると,低・未利用地の集約化による街区の再編,密集市街地の整備のための法制度,定期借家権制度の創設,不動産の証券化のための法整備等が挙げられている.

なお,定期借地権制度や定期借家権制度の普及や活用の促進のために,地方公共団体・地方住宅供給公社等に「定借」を希望する土地所有者及び借地希望者を登録・斡旋する「定借バンク」の支援と公団による定期借地権方式の宅地分譲を促進させている.

| 土地基本法の理念 | 土地についての理念を法文化したものに,「土地基本法」がある.土地基本法(平成元年法律84)は,1980年代当時の地価高騰による土地取得の困難や社会資本の整備に係る支障の解消を目的にした法律で,性格的には土地法全般に関する上位法とされる.したがって土地基本法は,国土計画・地方計画その他の土地関係法を統制・総括する基幹的な作用をもつ持つものと理解される.さらに,この土地に対する基本理念は,国及び地方公共団体にとっての政策の指針であり,国民及び行動規範となるべきものとされている.

土地基本法には「土地に対する理念」として,次の4項目を挙げている.

① 土地についての公共優先 (法2条)

わが国では憲法で私有財産が保障されているが,土地は国民の限られた資源であり,諸活動にとって不可欠の基盤である.さらに,土地の利用が他の土地の利用と密接に関係し,その価値が社会的経済的条件によって変動することにより公共の利害に関係することになる.

したがって土地については,公共の福祉が優先されるべきである.そのため,土地の取得や利用,処分などについての制限や負担が課される

ことになる．

② 適性な利用及び計画に従った利用 （法3条）

わが国では土地の利用について，利用するかしないかは原則として個々の所有者の自由に任されている．しかし前述の土地の特性を考えれば，土地が適性に利用されることが国民全体の利益に繋がることになる．例えば，利便性の高い土地が低利用で放置されていることや地域全体の利用にふさわしい使い方であるかが問われることになる．適性かつ合理的な土地利用を実現するためには，「規制と誘導」を行う利用計画の策定と実現が求められる．

③ 投機的取引の抑制 （法4条）

投機的な目的で土地を転売することや値上がり益を過大に見込んだ土地価格での売買は，地価の上昇を引き起こす．さらに，投機の対象とされる土地は差益を得ることを目的とするため利用されずに放置されることが多い．

土地は国民の諸活動の共通の基盤であるので，価格の高騰や遊休化は国民生活・経済活動に著しい弊害を及ぼすことになる．このため，土地は投機的取引の対象にされてはならない．

④ 価値の増加による利益に応じた適切な負担 （法5条）

土地の価値の増大は，他の財とは異なり，人口や産業の集中，道路や鉄道等の社会資本の整備，土地利用規制の変更による開発可能性の増大などの外部要因によりもたらされることが多い．

このため，土地の所有者等が自らの努力によらないで莫大な利益を受けることに対する不公平感がある．また，このような土地の有利性のため，土地の所有に対する執着が強い．したがって，これらにより利益を受ける者に対しては，資産としての土地の有利性を減額するために，利益に応じた負担を課されることを明確にした．以上が土地基本法の求める基本理念だが，ここでの「公共の福祉」は，他の基本理念との関係で

は上位の理念となることに留意したい.

住生活基本法の理念　土地と住宅，これらはともに国民生活の基盤を形作るものとして社会・経済対策の中心課題である．すでに制定されている土地基本法と相俟って，豊かな住生活を指向する「住生活基本法」が平成18年に制定されている．これは，これまで住宅政策の主題とされてきた住宅の「量の確保」から「質の向上」を図る道筋を示したものである．この対策でも土地基本法と同様に，所有から利用への転換を掲げて，その具現化には市場重視の政策の展開と消費者政策の確立を基本的な視点としている.

住生活基本法(平成18年法律61)の「住宅に対する理念」には，次の4項目が挙げられている.

① 良質な性能，住環境及び居住サービスを備えた住宅ストックの形成 (法3・4条)

住宅そのものの性能はもとより，良好な住環境で良質な居住サービスを受けられる住宅が豊富にあること．すなわち，良質な住宅ストックを形成することである．良質な住宅とは，「良質な性能」として耐震性・耐久性・防火性や高齢者への配慮，広さなど住宅の基本性能に加え，社会的課題への対応がされていることである．「良質な住環境」とは，災害に対する安全性・街並みなどの快適性を指す．さらに，「良質な居住サービス」とは，教育・医療・福祉などの生活サービスや交通サービスもこれに入る．これらのものは，地域により「良質」の意味するものが異なるから，地域の実情に応じたものとする.

② 多様な居住ニーズの適時適切な実現 (法3条)

良質な住宅ストックに加え，子育てや高齢者に対するものや個人の多様な価値観・ライフスタイルの最適条件を満たす住まいが，市場で容易に見つかるようにする．また，住宅の取引に適切な情報と助言が受けれれるようにする.

さらに，持家・借家を問わず，無理なく確保できるようにすることも重要である．

③ 住宅の資産価値の評価・活用 (法5条)

国民が資産を不動産として保有するので，その資産によって国民が豊かさを享受することは重要である．ところが現状においては，住宅の資産価値の維持・向上の意識が稀薄で，評価する基準も共有されていない．

良質な住宅の資産価値が適正に評価されて，住宅を資産として活用できる市場を形成する必要がある．

④ 住宅困窮者の安定した居住の確保 (法6条)

住宅は自力で確保することが基本だが，経済的又は社会的理由で自力では確保が困難な場合が少なくない．このような者に，公営住宅を柔軟かつ公平に提供するほか，その他の公的・民間住宅を活用した住宅セーフティネットの強化を図る．なお，いわゆる憲法25条に基づく生存権の保障である居住に関する権利は，基本法制としては定められていないが，居住の確保を住宅政策の基本理念と位置づける．

| 2つの理念の方向性 |

土地における規制と誘導及び住宅の資産価値の維持・向上とでは，理念の方向が異なるようにみえるが，これらの理念の根底には両者に共通する思想が窺える．それは，社会的資産である土地及び住宅の有効活用と適正な使用を求めていることである．そのための方策として，土地利用の規制と誘導，市場による良質な住環境と価値形成とが図られている．

このことから派生する問題もあるが，本来，不動産としての土地と住宅は渾然一体なもので，土地が持つ諸特性が価値をつくるとされてきた従来の考えを改め，両者が融合されたものとして扱うことが必要となる．つまるところ，土地の理念にしろ住宅の理念としても，居住を「原型」

にしたものに他ならない．したがって，土地と住宅（建物）を分離しての評価は，存在しないことになる．

言われて久しくなるが，国際連合は1987年を「国際居住年」として，各国の住宅難に苦しむ人々に人間らしい住居を保障すべきと要請している．この理念は，1948年の「世界人権宣言」が原点であり，ここでは欧米諸国の住宅関連法における理念の探求と制度化が行われ，住宅政策の理念が確立された．続く1987年には，国連人間環境会議（ハビタット：HABITAT）の「人間居住宣言」がある．"居住は人権"という基本理念を進めてきた国際的努力の積上げである．ハビダットの「人間居住宣言」には，一般原則として次の内容を持っている．

- ・生活の質的向上は，すべての人間居住政策の最も重要な目的である．
- ・土地（住宅）は人間居住の基本的要素であり，国家は利用，所有等を公的に規制する権利及び利用を計画し規制する権利を有する．

地域マネジメント

この宣言は，人間として住むという営みの本質を問い直した，歴史と現実を見据えたものである．2つの基本法の理念も，これらの理念を確認した内容であることには違いがない．理念と法制には，いろいろな制約や現実的な限界がみられるのは当然だが，ようやくにして土地と住宅に関する方向が見定められたということになる．

このように考えると，土地も住宅（建物）も融合・複合体として，これを利用する者（居住者）を中心に置くことになる．さらに，それを単体として考慮するのではなく，集団としての機能の追及，或いは回復を目指さなければならない．ここに，地域社会の形成という期待が持たれる．地域問題を考えると，市街地の衰退，高齢者の増加，空き家や未利用地の存在，防犯性の低下などがある．地域社会が地域の防災・防犯や助け合い，共用施設・共用空間の維持管理や運営を行うことによって，良好

な居住環境の維持・向上を目指し地域を管理する動きを，「地域マネジメント」と呼ばれる．地域マネジメントの主体は地域の住民・利用者・不動産所有者で，地域のコミュニティが形成される．地域コミュニティによる地域マネジメントが強化され継続されると，「持続可能な社会」(SC：sustainable community) となり，行政や市場ではできない質の高い住環境が実現されることになる．こうした問題に取り組む方向として，不動産の資産価値を活用し，市場を通じて解決する方法が研究・検討されている．SCとして地域マネジメントが成立するためには，社会的マネジメントとして①SCを位置付ける法制度，②専門家の支援体制，が必要とされている．

生活管理・空間管理・行政協働・利害調整・利便性向上の5機能を包括する住環境管理方式には，「住民主体型」と「専門会社型」がある．前者に米国のHOA (Homeowners Association) やわが国のマンション管理組合，後者には英国のガーデンシティレッチワースやわが国では住宅管理会社が例に挙げられる．しかし，専門会社型では住民主体になりにくく，SCはとなっていない．

この点で参考になると思われる，米国のHOAの事例（カリフォルニア州）をみることにする．米国では，マンション・戸建て住宅地又はこれらの混合住宅地 (CID common interest development といわれる) の場合には，所有者全員によるHOA（管理組合 homeowneras association）が組織される．HOAは，プールや公園，テニスコートや湖，ゴルフコースなどのコモンスペースの所有と管理といった空間管理機能及び各住宅の修繕や増改築・建替えのコントロールといった利害調整機能が主であるという．1960年からは道路等を行政に移管せずに住民が所有する方法で，行政の負担を下げ，地域や消費者にとっては魅力的な開発手法として増加傾向にあるといわれる．HOAは州法に基づき成立し，宣言や規約，建築ルールに基づいて運営される．理事会が執行機関となり，管理行為の質と量によっては管理会社への委託もある．費用負担は主に住宅所有者が

なり，その内容は宣言で決められている．

以上が HOA の概要だが，わが国においても開発や住宅販売の優先の現状を改め，地域マネジメントの仕組みとしてのサスティナブル・コミュニティが求められるのではないだろうか．

| PMO | 良質な住宅とともに，住宅の資産価値の向上が求められている．この資産価値を向上するための手法として，地域のプロパティマネジメント（資産活用 property management organization）が |

提唱されている．この手法は，地域での不動産の効率的な経営を手段として地域問題の予防・解決，さらにはよりよい地域社会を目指すものである．個人や行政でもない「地域」が，地域の不動産開発・管理を行い，地域経営を行うこととなる．その目的は，地域の価値（利用価値と資産価値）の向上であり，その主体は地域住民・利用者・不動産所有者と或いは専門家となる．資産価値に注目するのは，その効果が資産価値の向上に反映されれば，地域の人々の参加（活動への参加と費用負担）を促すモチベーションとなるからである．これらを考える場合に，イギリスにおける借地権であるフリーホールド及びリースホールドが参考になる．わが国の定期借地権の手本とされている．フリーホールドは「自由土地保有権」と訳され，わが国の所有権に近い．リースホールドは「賃借土地保有権」といわれ，期間を限定した利用権であって，長期のものはわが国の借地権に近い内容である．著名な事例として，ポートサンライトのガーデンビレッジ（231 エーカー・1,029 戸），レッチワース及びウェルウィンのガーデンシティ（9,832 エーカー・30,088 戸）等が挙げられる．（注．1 エーカー・約 4,000 ㎡）

| リースホールド | 住宅や住環境が貧しいという問題は，資産として恒久的に使うことのできる住宅や住宅地を造ろうとする考えがないからだと指摘される．都市計画においても， |

建物の資産価値の蓄積には関わらず,都市のスクラップ・アンド・ビルドに貢献することと勘違いしている.また,住宅産業も住宅の質や価値を隠して,高く売ることに専念するのが常道だ.

住宅と環境が将来にわたって資産価値を持ち需要が保たれるには,HOAやPMOといった良質な住宅の開発と管理が求められる.これらは時間の経過によっても価値を失わず,さらに熟成によって価値が高まることを期待する.

快適で安定した居住には,住宅の取得と取得後の課題がある.まず,住宅を適切な価格で取得するためには,利用する期間を限定すること及び空間を限定した費用を負担することである.時間的限定には定期借地権が用いられ,空間的限定には建築リース (Building Lease) となる.つまり,リースホールドである.イギリスの不動産制度では土地と建物は一体である.リースホールドは期間の定めのある土地保有権であが,建物の建築費用は自己負担で,期間満了時には無償で退去することになる.ただ,期間は100年を越える長期のものになっており,残存期間が50年を切る頃からの資産性が反省材料となっている.なお,1967年法 (The LeaseholdReform Act 1967) によって,フリーホールドの買取り及びリースホールドの期間延長が認められている.

2　借地・借家権の保護と限界

強行規定と借地・借家権の保護

　　　　市民社会における法律関係としては婚姻などの身分関係もあるが，最も重要なものは経済的取引関係である．法律行為としてとらえての「契的」が発生することになる．国家は個々人の自由な経済活動の場を保障し，またはその活動を容易にするために権力を行使するが，
それ以上に個人の自由を制限すべきではないという思想がある．そして，民法はこの市民社会の法であるといわれる．

　民法が包括する法律関係のうち，借地借家関係を規制するために作られた借地借家法（以下，法という．）は，民法の特別法の地位に立つものである．借地や借家に関しては，これによって保護され，公共の福祉に適合するように法律で定められている．そして，権利の濫用は禁じられている．

　「契約」は適法でなければならない．適法とは法律に反しないということだが，法令の規定には，公の秩序に関するものとそうでないものがある．そして，後者に反する意思表示も有効である．後者は任意規定と呼ばれるが，この任意規定と異なった意思表示が有効ということは，契約自由の原則の現れである．前者の規定を強行規定と呼ぶが，この規定に反する内容の意思表示は不適法であり，無効とされる．

　借地借家法には，強行規定が多く定められている（法9条・16条・21条・30条・37条）．いずれの規定も「特約で借地権者および建物の賃借人等に不利なものは，無効とする」としている．これらは民法90条の公の秩序を根底にするものだが，さらに進んで借地権者及び建物の賃借人の保護に関するものと理解できる．

　物権でなくとも不動産賃貸借権は，登記を対抗要件とする（民法177

条). 借地借家法10条1項の規定ではその登記がなくとも, 借地権者が登記されている建物を所有するときは, 例外としている. 土地の賃借権は地上権と同様に物権化していることがうかがえる.

私権に関しては, 「公共の福祉」, 「信義則」, 「権利濫用の禁止」の3つの基本原則により担保されている. 市民社会における権利も, あくまで社会的な権利であってこれらの制限が内在している. 権利の行使と義務の履行については, 特に契約における信義則が重要とされ, 権利濫用と並んで援用される.

借地契約

借地権の存続期間を30年未満とする特約は無効であり, 期間の定めのない場合と同様に期間は30年となる. 法に定める更新期間を満たさない特約も無効であり, 初回の更新であれば20年, それ以降の更新であれば10年の期間となる. また, 正当事由がなくして更新拒絶できる旨の特約も無効である. なお, 借地権者に認められている建物滅失による解約, 建物が滅失した場合に再築を禁止する特約も無効と有効とされる部分があることに留意したい.

有効とされる特約としては, 更新料授受に関する特約, 建物再築に際しての承諾料の授受に関する特約等がある.

借地権の効力の特約の無効は, 借地権の対抗力等 (法10条), 建物買取請求権 (法13条) 及び第三者の建物買取請求権 (法14条) の規定に及ぶ. この規定は, 借地権者及び転借地権者を保護するためのものであることを明らかにしている. 借地借家法10条1項の規定は, 借地上の建物の登記をもって借地権の対抗要件とするものであり, 同条2項では建物が滅失しても新たな築造を明示することによりその効力がなお存在する, とするものである. 建物買取請求権については旧借地法でも規定していたが, 新法でもこれを承継したことになる.

借地条件の変更及び増改築の承諾に代わる許可の裁判 (法17条), 建物譲渡に伴う土地賃貸借権譲渡又は転貸の承諾に代わる許可の裁判 (法19

条) に関するもので，この規定に反する特約で借地人又は転借地人に不利なものは無効とされる．また，契約更新後に建物を再築するための許可の裁判 (法18条) に関する不利な特約も，同様である．

借家契約　以上が借地契約に関する特約を無効とする強行規定の内容である．続いて，借家契約についての強行規定について述べる．建物賃貸借契約の更新等について定める規定 (法26条〜29条) に反する特約で，建物の賃借人に不利なものは，無効とされる．

「不利な特約」かどうかの認定基準については，特約自体を形式的に観察するにとどまらず，特約をした当事者の実質的な目的を考察することが，まったく許されないものと解すべきでない，とする判例がある．これについては，後述する「継続賃料」を巡る訴訟についての判断 (117頁) を参考にされたい．

建物賃貸借の対抗力等 (法31条)，建物賃貸借の終了の場合における転借人の保護 (法34条) 及び借地上建物の賃借人の保護 (法35条) に関する規定に反する特約で，建物の賃借人又は転借人に不利なものは無効とされる．これらの内容は，旧借家法6条の規定を引き継いだものだが，旧法で強行規定とされていた造作買取請求権 (法33条) は除外され，任意規定とされていることに留意したい．

民法規定との差異　ところで物権の代表といえる所有権は，物を全面的に支配できる権利で民法規定である．これに対して，所有権以外の権利は特定の目的のために物を一面的に支配し利用できる権利であるといわれる．これには地上権・永小作権等が挙げられ，用益物権といわれる．このうち地上権は，工作物等を所有するために他人の土地を使用する権利である (民法265条)．同様にこれらは，賃借権によっても目的を達成することができるわけで，借地借家法では建物所有を目的とする地上権と賃借権を併せて借地権と呼ん

でいる（法2条）．賃借権については，借地借家法で別の規定を設けているが，民法上では次のような違いがある．

① 賃借権は，賃貸人が賃借人に対して土地を使用収益させるよう請求できる債権である．これに対して地上権・永小作権は，他人の土地を使用収益できる物権である．

② 土地が売却されて地主が変わったときなど，新しい地主に対抗するためには登記されている必要があるが，地主が登記に協力しない場合に地上権・永小作権では訴訟による登記の強制ができるが，賃借権ではそれができないと解されている（民法605条・566条2項・581条2項）．

③ 存続期間は，地上権・永小作権でも賃借権でも契約で自由に決められるが，賃借権は最長で20年でなければならないとしている（民法604条）．これに対して，地上権では永久のものも可能であり，永小作権では20年以上50年以下とされている（民法278条1項）．また，存続期間を定めなかったときは，借地権では当事者はいつでも解約の申入れすることができるが，地上権では別段の慣習がなければ地上権者のみが放棄できる（民法268条・617条）．永小作権では，別段の慣習がなければ30年とされる（民法278条3項）．

④ 賃借権は，賃貸人の承諾がなければこれを譲渡したり転貸できず，これに違反して譲渡・転貸すると契約を解除される（民法612条）．これに対して，地上権・永小作権は自由に譲渡できる（民法272条）．

利用権保護のための物権化

以上にみたように，賃借権は地上権・永小作権と比較すると弱い権利であり，特別法である借地借家法によって強化，保護されている．特別法による利用権保護の内容には，不動産賃貸借権の「物権化」及び利用関係の「安定化」がある．

宅地の賃貸人が土地を第三者に売却した場合，賃借人は賃借権を第三

者に対抗できない．明渡しを要求されると，土地を明渡さなければならないことになる．いわゆる，「売買は賃貸借を破る」という原則である．地上権であっても登記のない限り同様である．もっとも，賃借権でも登記すれば土地を取得した第三者に対抗できるが，前述のように賃貸人は賃借人の地位が強くなるのを望まないから登記に協力しないことになる．そこで，旧建物保護法の趣旨を受継いだ借地借家法の規定では，借地権の登記がなくとも登記されている建物を所有するときは，第三者に対抗することができるとしている（法10条1項）．登記は不動産物権の変動を公示する制度である．登記することができるのは，不動産に関する権利のうち所有権・地上権・永小作権などの物権のほか賃借権などである．これらは，土地登記簿・建物登記簿などの物理的状況や権利の変動を記載する公簿に登録される．

借地権の存続期間を契約で定めないときは，旧借地法では堅固建物は60年，その他の建物は30年と法定されていたが，借地借家法では一律に30年とされている．ただし，契約でこれより長い期間を定めたときはその期間とする（法3条）．このように，存続期間を定めない場合でも存続期間を法定しているから，結局，存続期間の定めがない借地権というものはないことになる．

賃借人が賃貸人の承諾なしに賃借権を譲渡又は転貸したときは，賃貸人は契約を解除できる（民法612条2項）．戦前の判例は，無断の譲渡・転貸があればそれだけで解除できると解してきたが，戦後の判例では賃借人の地位の安定を図るため賃貸人の承諾を擬制したり信義則や権利濫用禁止の法理によって解除権を制限し，さらに賃貸人に対する背信行為にならない特別の事情がある場合には解除できないという法理を確立した．

宅地の賃貸借では，借地人が借地上の建物を譲渡したが賃貸人が承諾しない場合には，建物の譲受人は地主に建物を時価で買い取るよう請求できる．旧借地法10条の規定も借地借家法14条の規定も，建物買取り請求に関する強行規定である．この建物買取請求権は，建物の存続を図る

という社会経済的配慮を目的とするが、賃借権の譲渡・転貸について地主の承諾を促進させる作用がある。

しかし、地価高騰の現状では地主の承諾を得るのが困難なため、裁判所が地主の承諾に代る許可を与える制度が新設され(旧借地法9条の2)、新法に受け継がれている(法19条1項)。借地権は債権であるけれども、以上のように対抗力・存続期間・譲渡性において物権に近づいている。

利用関係の安定化

建物の賃貸人は、自己使用その他正当の事由があるときでなければ解約を申し入れたり、更新を拒絶することはできない。このことは旧借家法にも規定されていたが、借地借家法ではこの要件をさらに強め、賃貸人及び賃借人が建物の必要性とする事情に加え、建物の賃貸借の経緯等のほか明渡しに関する給付条件を考慮して、正当の事由があると認められる場合に限られるとしている(法28条)。借家人の居住の安定を図るための民法上の契約上の契約自由の原則を修正する重要な規定である。したがって、家主の自己使用の必要性も判断の一資料に過ぎなくなった。また、借地人が契約の更新を請求する場合は、建物がある限り、存続期間に制限があっても前の契約と同一の条件で更新されるとみなされるが、地主が拒絶できるのは自己使用その他の正当の事由があり、しかも遅滞なく異議を述べた場合に限られる(法6条)。

賃借人が賃料を支払わなかったり、目的とする用法に反したりすると、債務不履行として契約の解除される恐れがある。しかし、軽微な債務不履行を理由として賃貸人の解除を許すことは妥当ではない。そこで、戦後の判例では賃貸人と賃借人との間の信頼関係を破壊する程度の債務不履行がなければ契約を解除できないという法理を確立した。

建物の賃貸借で存続期間を定めた場合には、当事者が期間終了の1年前から6月前までに相手方に更新拒絶の通知又は条件を変更しなければ更新しない旨の通知をしないと、前の賃貸借と同一の条件で更新したも

のとみなされる．また，この通知をしても期間満了後も建物の使用を継続する場合に，賃貸人が遅滞なく異議を述べなかった場合は，同様とされる．(法26条1項・2項)．他方，借地のときも，存続期間が満了する場合は建物がある限り契約が更新されたとみなされ，期間満了後の継続使用についても同様な扱いとされる．(法5条1項・2項)．これらは旧法の趣旨を踏襲したいわゆる「法定更新」と呼ばれるもので，民法上の黙示の更新（民法619条1項）とは異なり，更新の擬制であって反証をあげても覆すことはできないとされる．

| 利用関係の保護 |

正当の事由があって借地契約が更新されない場合には，借地人は建物その他を時価で地主に買い取るよう請求できる（法13条1項）．法定更新の場合は規定がないが，同様に解されている．

借家契約が終了したときには，借家人は家主の同意を得て建物に付加した畳・建具その他の造作があれば，時価で買い取るよう請求することができる（法33条1項）．この造作買取請求権は，借家人の投下資本の回収を図るとともに，造作の撤去による社会経済的損失を防止することを目的としている．判例では，水道設備や電気設備などまでも含めている．

建物の転貸がされている場合の転借人の保護について，期間満了又は解約の申入れによって終了するときは，家主は転借人にその旨を通知しなければその終了を転借人に対抗できず，その通知がされた日から6月を経過することで終了する（法34条）．また，借地上の建物の賃借人の保護については，建物の賃借人が借地権の存続期間が満了する1年前までに知らなかった場合に限って，建物の賃借人の請求により裁判所は1年を超えない範囲内で土地の明渡しを許与することができる（法35条1項）．

建物の賃借人が死亡したときは，原則として賃借人の相続人が承継する．借地借家法では，居住用建物の賃借人が相続人なしに死亡した場合においても，事実上の夫婦又は養親子と同様な関係にあった同居者は建

物の賃借人の権利義務を承継すると規定している（法36条1項）．

借地条件の変更等については，法令による土地利用の変更，付近の土地利用状況の変化その他の事情の変更による建物の借地条件についての当事者間の協議が調わないときは，裁判所の介入を認めている（法17条1項）．増改築を制限する借地条件がある場合に，土地の通常の利用上相当な増改築で協議が調わないときも，裁判所は承諾に代わる許可をすることができるとした（法17条2項）．この裁判手続きは，借地非訟事件手続によってなされる．これらは転借権についても同様とされる．

借賃の増減額請求について

家賃が，租税等の負担や土地・建物の価額の変動により，又は近隣の家賃に比べて不相当になったときは，家主及び借家人は家賃の増減を求めることができる．ただし，一定の期間家賃を増額しない旨の特約は有効である（法32条1項）．この家賃増額請求は形成権であって，増額の通知があれば一方的に改訂されてしまう．借家人が従来のままの家賃を支払い，又は供託していたのでは，家主から増額分の不払いを理由にして契約を解除される恐れがある（民法412条・541条）．

そこで，家賃の増額の協議が整わないときは，借家人は相当と認める家賃額を支払っておき，裁判で適性な額が確定したときに不足額があれば，それに年1割の利息をつけて支払えばよいことになっている（法35条2項）．地代についても同様に，増減額請求権が認められている（法11条）．なお，家賃・地代の減額についても同趣旨の規定があるが，実際には余り意味を持たないと考える．

賃借権の救済と制限

地上権・永小作権などの用益物権が第三者によって侵害された場合には不法行為が成立し，損害賠償を請求できる．賃借権についても同様である．例えば，第三者が賃借地を不法に占拠すれば，賃借権侵害による不

法行為となる.

　物権は直接に物を支配する権利であるから,物の支配が妨害されている場合には,その妨害している者に対し妨害の除去に必要な行為を請求することができる.これは物権的請求権と呼ばれ,民法に規定はないが,判例・学説で認められている.賃借権は債権であるから,ただちに物権的請求権である妨害排除請求権を認めるわけにはいかない.しかし多くの判例は,不動産賃借種について登記などの対抗要件が具備している場合は妨害排除を請求でき,救済するという態度をとっている.

　所有権絶対の原則は,民法の基本原理の一つとされている.しかし,所有者は所有権をどのように行使しようと自由であるというのではない.先に述べた借地借家法による不動産利用権の保護・強化は,土地・建物の所有者からみると,単に賃料を収取する権利に過ぎないということになる.

3　借地・借家法制の変遷

　これまで，政策としての定期借地権及び定期借家（権）を制度的位置づけやその必要性，借地・借家の利用権保護のための理念とその法制を述べてきた．ここでは特別法としての借地借家法を，民法を中心に旧借地法及び旧借家法との関連から検討する．さらに，定期借地権及び定期借家（権）の内容を確認する．

借地借家法　　文字どおりに読んで，定期借地権なり定期借家（権）は，借地や借家の期間が限定された賃貸借をいう．借地借家法の第22条以下に定期借地権が，定期借家権は同じく第38条に規定されている借地・借家に関する特別規定である．

　すでに述べたように現行の借地借家法（平成3年法律90）は，借地法及び借家法が廃止され平成4年8月から新たに施行されたもので，同時に建物登記による賃貸借権を認めた建物保護に関する法律も廃止されている．3法を全面的に見直したうえでかなり大幅な改正をしているが，形式的にはそれらを単一の法律にまとめたものとなっている．

　改正作業は昭和60年から法制審議会で行われ，「借地・借家法改正に関する問題点」の公表，平成元年には「借地法・借家地法改正要綱試案」が法務省民事局から公表されている．平成3年2月の法制審議会答申を受けて，第120回通常国会に法案が提出された．同法案の審議は，国会の会期終了により継続審議となったが，平成3年8月の第121回臨時国会において審議が再開され，政府原案が若干修正のうえ可決，成立している．

改正の目的　　改正の目的には次の2点があげられ，その枠内で行われるものとされた．①社会・経済事情の変化に対応した借

地・借家制度を利用しやすくすること，② 借地・借家法は契約当事者間の権利義務の公平な調整を内容とするもので，特定の政策の実現を目的とするものではないこと，である．

改正にあたり強調された2点のうち，①については，法律の制定（大正10年）以来，昭和16年の戦時による改正後の枠組みが継続されており，この間の事情の変化や多様化に対応するという意図は容易に読み取れる．

しかし，②については，それなりの理由があげられる．その背景には，都市近郊部における借地方式による宅地の供給や既成市街地での再開発の促進のための借地・借家法の見直しといった議論があったからである．そして実際の立案作業は，このような危惧に応接しながら，法律を純化させる方向で進行したものとみることができる．

改正の内容は多岐にわたるが，重要かつ基本的なものとして，① 借地権の存続期間の変更等，② 正当事由の明確化，③ 定期借地権制度の導入，④ 期限付き借家制度の導入のほか，民事調停法の改正，⑤ 地代・家賃増減額紛争の処理における調停前置主義及び調停条項裁定制度の導入がある．

その他の改正には諸点あるが，施行前に成立していた借地・借家関係の本法の適用について多くの議論がある．これらの経過措置については，「経過措置の原則」を含めて12か条の附則規定がある．

民法規定との関係

賃貸借とは，地代や家賃を支払って貸し借りするような場合がこれに当てはまる．民法（601条）では，当事者の一方が相手方にある物の使用及び収益をさせることを約束し，相手方がこれに対して賃料を支払うことを約束する契約と規定している．一方，無償で貸し借りするような場合は，使用貸借として借地借家法の適用はないとしている．

本来，賃貸借の目的となる物は，特に限定されていないから動産でも不動産でも対象になるが，重要な役割を持つのは，やはり土地・建物の

賃貸借である．これらに関して，借地借家法が民法の特別法として定められていることになる．借地借家法は，借地権を建物の所有を目的とする地上権又は土地の賃借権という，として旧法と同様な定義している．借家権については旧法と同じく定義がないが，総則（1条）において，建物の賃貸借の契約の更新，効力等に関して特別の定めをすると規定しているので，建物の賃借権をいうものと理解できる．

　土地なり建物の賃貸借を考える場合に，借地借家法ととも基本となる民法の規定内容も理解しておかなければならない．民法の604条には，賃貸借の存続期間を20年（更新はさらに20年）とすることを規定している．また賃貸借の効力として，登記があるときは物権として扱われる．賃貸人の義務として，修繕義務や賃借人の費用償還請求権を規定している．一方で賃借人の義務には，定まった用法での使用や賃料支払義務，賃貸借の終了による返還義務を定めている．そのほか転貸，賃料の支払時期などの規定もある．

借地権　借地権の存続期間は，借地借家法では30年（30年以上も認められる）とされる．更新の期間は10年（最初の更新は20年）とする．ただし，これより長い期間も定められる．なお，更新請求及び更新拒絶について，複雑な手続きと要件が定められている．借地権の効力として，借地権の登記がなくとも登記された建物があれば，第三者に対抗することができる．

　賃貸人は，地代が，土地の租税公課の増額，土地価格の上昇や低下など経済事情の変動により，又は近傍類似の地代に比較して不相当となったときは契約の条件にかかわらず，増額を請求することができる．ただし，一定の期間地代を増額しない特約がある場合は，できない．なお，この条文は旧借地法と同様な規定内容であるが，これに関連する継続賃料については後述（116頁）する．

借家権

ここで注意したいのは，借家の法的な位置づけである．通常は「借家権」とは呼ばれているが，債権としての借地権という概念はあっても，建物は賃借権として理解される．これは，定期借家についても同様である．なお本書では，便宜上これを区別しないで使用することもあるのでお断りしておく．

借家は借地権と異なり，借地借家法上での賃貸借の期間の定めはないが，民法の賃借の存続期間20年の規定が適用されることになる．借家については旧借家法でも同様だったが，賃貸借期間の定めのある建物の契約更新についての規定が重要となる．

賃貸借の当事者が期間満了の1年前から6月前までの間に，更新をしない旨の通知又は条件を変更しなければ更新しないという通知をしなかったときは，従前どおりの契約が更新したとみなされる．ただ，この場合には，期間の定めがない契約とされる．さらにこの通知をしても，賃借人が期間満了後も継続して使用している場合に，賃貸人が異議を述べないときも，同様な扱いとなる．

賃貸人が賃貸借の解除の申入れをすれば，賃貸借は6月を経過すれば終了することになるが，当事者の建物使用を必要とする事情のほかに，正当の事由が認められるなどの解約要件での縛りがある．また，借家権の効力としては，借地権と同様な借賃増額請求権や造作買取請求権がある．

旧法と新法の適用関係

新法となる借地借家法は平成4年8月1日から施行され，これに伴って旧法である借地法，借家法及び建物保護に関する法律が廃止されている．さらに経過措置として，この法律の附則に特別の定めがある場合を除き，新法の施行前に生じた事項にも適用するとしている．ただし，これらの廃止された法律の規定により生じた効力を妨げないとする．

附則による従前の例によるとされる特別の定めには，借地上の建物朽

廃による借地権の消滅，借地権の契約の更新，滅失建物の築造による借地権の期間延長，借地条件変更の裁判及び建物の賃貸借契約の変更拒絶の通知及び解約の申入れに関することの規定がある．また，借地契約の更新後の建物滅失による解約，建物の滅失があった場合の現場への掲示等，建物買取請求権，転貸借に係る造作買取請求権及び借地上の建物の賃借人に関する保護については，新法は適用しないとしている．

これによって，借地契約における更新請求の拒絶の要件となる「正当の事由」の存在や地代や家賃の継続賃料の算定要因となる「不相当になった」ことの判断論理が継続されることになり，その改善への矛先が歪められた感じは拭えない．

借地法，借家法及び建物保護に関する法律を廃止・併合し，新たに借地借家法が制定される過程で，社会事情の変化に合わせた法制度が盛り込まれた．それが，定期借地権であり，定期借家(権)である．定期借地権は新法の制定時に，定期借家は「良質な賃貸住宅等の供給に関する特別措置法」(平成11年法律153)により借地借家法に新設され，平成12年3月1日から施行されている．

定期借地権　定期借地権とは，いづれも借地借家法の強行規定にかかわらず，借地権の契約の更新や建物の築造による存続期間の延長及び建物買取請求をしないとする借地契約上の特約である．そこで，借地関係をその更新時又は存続期間中に解約して，定期借地権に切り替えることが考えられるが，それは可能であろうか．契約当事者の合意に基づくものであれば，否定されることはない．しかし，定期借地権が地主にとって有利な制度であると考えられるから，これを強要される危険もある．法案審議の中でもこのことが論じられ，借主の困惑，法律関係の無知に乗じた契約の締結は無効と解されている．この転換の無効は，民法90条の公序良俗違反の規定に基づいて認められるものであるが，その基準として"世人に納得させ得る理由"がある合

理的理由の有無を挙げている．特に，存続期間の短い事業用借地権への転換には，合理的理由がないと考えられている．なお，この定期借地権の特約は公正証書等の書面によってしなければならない．

定期借地権には，次の3種類のものが法定されている．

① 一般定期借地権（法22条）

② 建物譲渡特約付借地権（法24条1項）

③ 事業用定期借地権（法23条1・2項）

①は借地権の存続期間を50年以上とする場合，②は設定後30年以上を経過した日に借地権を消滅させるために，設定者に譲渡する場合，③は事業用建物で（住宅を除く）存続期間を10年以上50年未満とする場合に，定期借地権が設定できる．なお，これらは臨時設備の設置等のための一時使用には適用されない（56頁・表参照）．

ところで"借地権の数"をみる場合に，借地借家法にはこの定期借地権のほかに普通借地権（法3条）がある．これに旧借地法で効力のある借地権を含めると，合計で5種類の借地権が存在することになる．

期限付き借家　期限付き借家も，定期借地権と同様に法律の強行規定にかかわらず一定の期間を確定して賃貸借の期間とする借家契約上の特約である．この定期借家は，賃貸人が転勤，療養，親族の介護その他のやむを得ない事情によって，一時住むことが困難であり，かつ再度に使用をする場合に限って認められる．なお，この特約は，これらの事情を記載した書面によってする（法38条1項，2項）．ちなみに法律では，この定期借家（権）を「期限付建物賃貸借」と呼んでいる．さらに，一定期間の経過後に取り壊すことが明らかな建物を賃貸借する場合にも，定期借家が認められている．この場合にも取り壊すべき事由を記載した書面によることになっている（法39条1項，2項）．なお，一時使用には適用されない．

ところで，この制度も，前述した議員立法である「良質な賃貸住宅等の供給の促進に関する特別措置法」により借地借家法の一部が改正され，本格的な定期借家権として登場することになる．

定期借家権　従来の借地借家法では，建物賃貸借契約の更新拒絶に際し正当の事由の要件があり，期間が満了しても借家契約を終了させることは事実上困難であった．これに対し，この定期借家権は期間の満了により確定的に借家契約が終了する制度である．条文（法38条）としても，「期限付建物賃貸借」から「定期建物賃貸借等」に改められて，ここに定期借家（権）が誕生したことになる．

改正前の第38条の規定は2項からなっていたが，改正後の規定は7項からなっている．公正証書等による書面化，契約の更新がない旨の書面の交付説明，説明の無い場合の契約の無効，通知期間，床面積が200㎡未満の建物の賃借人からの解約申入れ，特約についての強行規定及び借賃の改定特約がある場合の増減請求権の不適用が規定されている．なお，期間の設定については，1年以上20年未満となる（60頁・表参照）．

借地借家法の改正と方向　以上が，これまでの定期借地権及び定期借家権に関する法律事項であるが，「借地借家法の一部を改正する法律（改正法）」（平成19年法律132）が公布され，平成20年1月1日から施行された．その内容は現行の事業用定期借地権の契約期間の10年以上，20年以下について，①30年以上50年未満とする（改正法23条1項），及び，②10年以上30年未満とする（改正法23条2項）というものである．経過措置として，改正法施行前の借地権については，従前の例によるとされている．

この内容についてみると，50年以上の期間を設定するものには一般定期借地権（法22条）を適用し，50年未満のものについては事業用定期借地権（23条）を適用するという住み分けが可能になるものである．

なお，①は，一般定期借地権と同様に，建物譲渡特約付借地権とすることができる．②の存続期間については，契約の更新等に関する借地権者保護の規定が適用されないだけであり，契約の更新に関する約定を設けることができる．

改正法は①及び②の借地権の設定について，公正証書によってしなければならない（改正法23条3項）とした．公正証書を設定の要件とする点は，改正前と同様である．

一方，今後の定期借家権の改正も取りざたされている．借地借家法の附則（平成11年法律153）の第4条には「検討」として，施行後4年を目途としての見直し規定が盛られている．正しい方向に制度を変更するという趣旨だが，つぎはぎを繰り返しているようにもみえる．これには，事前説明義務の廃止，居住用200㎡未満の建物についての中途解約の任意法規化などが俎上にある．

第Ⅱ章 「定借」の事例と実態

 宅地の供給は，当然に住宅の建設量に左右される．特に建設戸数は，建築着工動態の主要な指標となる．07年の着工戸数は約110万戸で，うち，戸建て住宅は約40万戸である．定期借地による戸建て住宅の建設は5,000戸程度であるから，住宅着工に占める割合は極めて少ない．借地の形にもいろいろあり，それぞれに長所と短所があるが，この章では，定期借地が進展しないのは何故か，問題点はどこにあるのかを住宅の形態や事業手法からその実態を探る．さらには，「定借」制度に対する法制面からのアプローチとその乖離の実態及び各国との比較を試みる．

1 戸建て住宅

> **定期借地**

　定期借地は，土地の購入を伴わない，安価で良好な住宅を取得できる手法として認知されている．また，土地の「所有から利用へ」と転換する需要者の新しい発想として歓迎されている．

　過去，数度にわたって行われた定期借地権者（賃借人）のアンケート調査においても，「定借」の満足度が90％を超えている．その内容は，「よい条件の住宅を安く購入できた」，「敷地も住宅も広くなった」からとしている．事実，これらの満足度は取得物件の態様にも表れている．反面，「地代の値上がり」，「期限到来時の経済・社会状況」の懸念がアンケート調査の上位を占める．

　定期借地による戸建て住宅の長所に，居住環境の良さが挙げられる．これも住宅の「質の向上」に貢献していることになる．ここには，緑地

を配置し住環境を重視する住民協定や定借タウンマネジメント手法も導入されている．また，都市公団（当時）や住宅供給公社においては，定期借地の短所を補うための「底地買取り定借」も試みられた．

　これらの一般定期借地権はそれなりの浸透を見せているが，事業用定期借地権となるとまた別の態様を見せている．法制定当初は，レストランやスーパーマーケット等の郊外型店舗が想定されていたが，それらも最近では中心市街地活性化対策での店舗面積規制（1万㎡超禁止）を受けて都心回帰がされている．これによって，中小の店舗が既成市街地に再立地する傾向がでている．事業用定期借地権の内容については前述しているが，この設定には各種の対応が必要となる．

表1　借地権の種類と条件

種　類	存続期間	条件（特約）
一般定期借地権	50年以上	更新・期間延長・買取請求不可
建物譲渡特約付借地権	30年以上	建物譲渡
事業用借地権	30年以上50年未満 10年以上30年未満	更新・期間延長・買取請求・居住不可
普通借地権（新法）	30年(30年以上可)	滅失解約・正当事由・更新可
普通借地権（旧法）	堅固60年(30年以上) 非堅固30年(20年以上)	滅失無効・正当事由・更新可

表2　定期借地事業方式の分類

	代理方式	転売方式	転貸方式
借地契約	・事業者が地主代理人 ・地主と借地人の契約	・事業者が借地 ・借地人に譲渡契約	・事業者が借地 ・借地人に転貸契約
建築請負	・建築条件つき販売	・建売り分譲	・建物の売買
特　徴	・地主主導の条件設定 ・借地手続きが容易	・借地手続きが容易 ・事業が短縮できる	・事業者の資金力大 ・地主が安心感を持つ

その1は，定期借地契約書の公正証書の義務化である．従前でも，借地権設定にあたり書面（公正証書等）による契約書が作成されていたが，今回の法改正で義務化されたことである．定期借地契約には，利用目的，存続期間，登記，保証金，賃料を始め権利及び権利の変更に関する事項が記載され，また様々な特記事項も記載される．公正証書は賃貸借関係者の意向が正確に反映されたものであることは当然であるが，作成にあたっての公証人に係る時間的ロスが取り沙汰されている．定期借地に関する公証人の事実認定や確認に要する時間的な制約のために，事業目的や開業時期との整合が困難になるケースが想定されるからである．

その2は，事業用定期借地における建物の耐用年数との関係である．賃借人が借地に建設した建物（事業所）は，会社経理において減価償却の損金処理がされることになる．ここで指摘するのは，定期借地権の契約期間と建物の減価償却期間の合致を図るということである．事業用定期借地権の契約期間は，30年以上50年未満又は10年以上30年未満に改正（借地借家法23条1・2項・平成20年1月施行）されたが，税法上では建物の減価償却期間は鉄骨建築仕様としても40年程度（財務省令別表第1）となっている．この借地期間と耐用年数のズレをなくすことが，効率的な経営に必要になる．ここには，事業用定期借地権と一般定期借地権の選択適用の方途があるが，借地期間と耐用年数の整合が図られねばならない．

その3は，権利金等の一時金の償却問題である．賃貸人が借地権の設定により収受する権利金その他の一時金（特定の保証金を含む）は，税法上では益金又は所得に算入される．この場合，いわゆる一時金課税が行われる．賃貸人からすると，権利金は借地権設定の対価として課税されるので，通常は保証金（或いは敷金）として土地価格の20％～30％程度を収納するが，これらは「預り金」として地代や現状回復の担保としての性格を持つとされている．一方，賃借人の立場では，保証金は契約終了時に返還されるとしても資金を長期間寝かせることになり，権利金も契約終了時までは償却できない．このことは事業者のキャシュフローからは，

表4　事業方式（代理の場合）のフロー

計画段階	契約段階	実施段階	引渡し段階
基本合意書 事業協定書 経営計画書	→ 一般定期借地権の設定 代理契約書	→ 公正証書作成	→ 保証金返還請求権の登記 定期借地権の登記

表5　一般定期借地権契約書の記載項目

項　目	内　　容
要　件	50年以上＋3つの特約（更新・再築による期間延長・買取請求権）
目　的	用途を確定
賃　料	一括支払い
賃料改定	純地代（物価指数スライド）＋公租公課の変動
増改築	地主への通知（承諾料なし）
建物賃貸	地主への通知（借地権に対応した期限付き賃貸）
借地譲渡	地主の承諾（承諾料なし）
借地転貸	地主の承諾（承諾料なし）
底地売却	借地人へ通知
保証金	担保（充当）・返還（抵当権設定）・返還請求権（譲渡等禁止）
原状回復	期間満了時（原状回復スケジュール）
明渡し	遅延損害金・保証金の返還（抵当権抹消）
中途解約	借地人からの解約可（1年前の通知）・地主の解約不可
契約解除	債務不履行（用法・賃料遅滞）・地主の承諾なしの行為
公正証書	1／2負担
登　記	1／2負担

（参考）国土交通省の「定借」に関するホームページ
http://www.mlit.go.jp/jutakukentiku/house/torikumi/teishaku/tc-index.html

望ましくないことになる．これについては，国税庁（平成17年1月の文書回答）によって問題解消の方途が取られている．即ち，一時金（権利金又は保証金）を賃料（地代）の前払いとする取扱とされたことである．この措置では，一定の契約に沿って地代の前払いとして一時金の授受を行う場合は，課税上は賃貸人は「前受収益」，賃借人は「前払費用」として，期間償却を可能とした．この措置は，事業用を始め定期借地制度の進展に寄与することが大きいと考える．

　以上，戸建て住宅に関する一般借地と事業用借地についてみたが，賃料の増減請求権や住宅の付置義務等の多くの課題が残っている．特に問題とするのは，借地借家法の経過措置（平成3年法律90・附則4条）によって旧法による借地権（普通借地権）が存続，効力があるとされることである．現在，旧借地権による借地が借地全体の90％を超えて存在しており，これには更新や解約についての「正当の事由」の要件条項が適用されることになる．

定期借家　借家には，戸建てや集合住宅（長屋・共同住宅）を始め多様な形態があるが，ここでは戸建て住宅の定期借家についてみる．現在，わが国の住宅ストックは約5,500万戸，うち約3,000万戸が持家といわれる．国民の持家志向が強いので，今後ともこの傾向は変わらないと思われる．このところの景気減速で停滞気味だが，新規借家（貸家）の建築着工件数（平成17年）は年50万戸台で推移している．借家を構造別（木造・非木造）にみると，木造25％・非木造75％となる．建て方別（戸建・長屋建・共同建）では，戸建て1％，長屋建て15％，共同住宅84％となって，圧倒的に共同住宅が多くなっている．

　このうち定期借家についてみると，「定期借家制度実態調査」（国土交通省・平成19年3月）では前回調査（平成15年9月）を上回るものの，新規借家に占める割合は5％に過ぎない．建て方別では，戸建て住宅の約12％，集合住宅の約4％が定期借家となっている．住宅立地でみると，商業地

では店舗併用住宅が多く，周辺又は住宅地では専用住宅となっている．

定期借家制度が導入されると，ファミリー向けの戸建て借家住宅が増えるとされてきた．しかし，定期借家で供給される住宅の多くは小規模な木造共同住宅で，居住面積が2DK以下が約75%となっている．戸建てでは，さすがに約7%前後と少ない．

また，定期借家契約にあたって約52%が一時金の授受があると報告されている．これらは，いまだに礼金の形での授受が行われている．借家人（賃借人）からみての定期借家の有利な点は，長期間の賃貸契約と家賃の低廉化である．長期の契約となるので，家主（賃貸人）の約30%が家賃や一時金の低下を容認している．

表6　借家(権)の種類と条件

種　類	存続期間	条件（特約）
定期建物賃貸借(権)	1年以上20年未満	更新・賃料増減・中途解約不可
普通借家権		更新・賃料増減・中途解約可

定期借家にも定期借地と同様に，次のような留意事項がある．

その1は賃貸借契約に関することで，定期借地権と同様に書面による契約とされている．ただし，この場合は「公正証書による等」と規定されているので，前述の事業用定期借地権のように公正証書による契約書の作成は義務化されていない．さらに，定期借家に特有なものとして，家主（賃貸人）は借家人（賃借人）に対して契約更新がないことや期間満了によって賃貸借が終了する旨を書面を交付し，説明する義務がある．そして，これをしなかったときは，契約を更新しないとすることはできない（無効）としている（法38条3項）．

その2は，家主からの期間満了の事前通知である．賃貸借が終了する1年前から6月前の間（通知期間といわれる）に，期間が満了する予知をしなければならない．これをしなかったときは，契約終了について対抗で

きないとされている.

その3は,借家人からの中途解約及び家主の解約の予知契約に関することである.借家人からの解約の申入れについては,特定の要件がある.賃貸借建物の床面積が200㎡未満で,転勤・療養・親族の介護などの事情によるときに限り解約を申入れすることができる.解約の予知契約は,一定の期間後に取り壊すことが予定されている場合にも適用される.なお,定期借家において借賃の改定についての特約がある場合には,借賃増減請求権は適用されない(法38条7項).

借地と借家との違い

以上,戸建て住宅に関しての定期借地及び定期借家についてみてきたが,借地と借家では扱いに微妙な違いがあることに気付かれたと思う.定期借地,定期借家ともに賃貸借期間が限定されるものだが,借地は契約期間が中心に置かれ,借家には契約更新が問題とされていることである.また見方を変えれば,法律改正のときの条文の立て方に違いがあるともいえる.先に述べたように,定期借地権に関しては借地借家法の一連の改正手続きにより行われたが,定期借家(権)に関しては時点修正的な必要に応じた議員立法により成立した経緯がある.

条文規定の内容も,定期借地権については存続期間の設定に終始しており(法22条~24条),定期借家(権)については賃貸借契約の有効性を強調している(法38条~39条).これらは特に取り立てて問題にするものではないが,借地・借家に関する社会的な課題が浮き彫りされているもので興味深い.

2 集合住宅等

　戸建て住宅（単独住宅）と「定借」の関わりについて述べたが，ここではマンション・共同住宅（集合住宅）や市街地再開発・土地区画整理などの都市開発事業での「定借」の事例や活用を取り上げる．このところの賃貸型マンションや共同住宅では，賃料の低廉化を図る意味での「定借」の導入が行われる例が多くなっている．また，都市開発事業への導入件数はまだ少ないが，事業採算の確保のために土地価格を顕在化させない事業手法として試みられている．

「定借」の活用

　事業に定期借地や定期借家を取り入れるかどうかは，事業者が選択する一つの事業手法に過ぎないが，あえて言えば，「定借」は事業規模を拡大できる可能性があることである．「定借」の導入手法は，マンションでは戸建て住宅と余り変わりがないが，都市開発事業となると少々事情が異なる．例えば，市街地再開発事業では，制度上の特性や複合用途によって住宅特化ができないからである．また，法定事業とするか任意事業で行うかによっても，違いがでる．マンションでも市街地再開発事業でも，定期借地権や定期借家権に関する規定が適用されるわけで，特例措置はない．したがって，「定借」の長所や短所がそのまま現れる．それでも「定借」を導入するのは，それなりの利点があり，その選択には所有者（権利者）及び事業者の事情と思惑が絡み合いながらも，導入される背景があるからである．

借地と借家

　マンションには分譲と賃貸があるが，居住の用に供するものだから法律上は「事業用借地権」は使えない．借地借家法の改正で，事業用の契約期間は伸張されたが，マン

甲斐克則 編

医事法六法

四六判・並製・560頁　本体2,200円（税別）　ISBN978-4-7972-5921-6 C0532

収録した法令通達類は厳選 109 件

効率的な学習に必要不可欠な法令・公的指針（ガイドライン）、基本宣言、通知を厳選した使いやすい薄型医事法六法 大学の法学部生や法科大学院生、医学・保健学等の学生、医療関係者、諸施設・機関の倫理審査に携わってる方々。看護、介護職やマスコミ関係者、広く一般社会の方々に

◆目　次◆
- Ｉ　基本法・基本宣言
- Ⅱ　医療・救急機関
- Ⅲ　保険医療関係者等
- Ⅳ　終末期医療・臓器移植・死体解剖
- Ⅴ　薬事
- Ⅵ　保健衛生
- Ⅶ　健康被害の予防と環境
- Ⅷ　生命倫理
- Ⅸ　社会保障と福祉

本書の特色
①講義に必要な法令・条文や通達などを抄録
②コンパクトでハンディ
③最新情報で充実した普及版

◆コンパクト学習条約集◆
芹田健太郎　編集代表
四六・並製・584頁　本体1,450円（税別）ISBN978-4-7972-5911-7 C0532
薄くて持ち易く、内容も工夫された最新条約集

◆法学六法 10◆
石川　明・池田真朗・宮島　司・安冨　潔
三上威彦・大森正仁・三木浩一・小山　剛　編集代表
四六・並製・544頁　本体1,000円（税別）ISBN978-4-7972-5733-5 C0532
初学者向けに情報を厳選したエントリー六法

◆標準六法 10◆
石川　明・池田真朗・宮島　司・安冨　潔
三上威彦・大森正仁・三木浩一・小山　剛　編集代表
四六・並製・1090頁　本体1,280円（税別）ISBN978-4-7972-5742-7 C0532
薄型六法シリーズ第2弾《スタンダード》版

◆保育六法（第2版）◆
田村和夫　編集代表　浅井春夫・奥野隆一・倉田賀世
小泉広子・古畑　淳・吉田恒雄　編集委員
四六・並製・712頁　本体2,200円（税別）ISBN978-4-7972-5682-6 C0532
子育てに関する待望の保育法令集

◆スポーツ六法 2010◆
小笠原正・塩野　宏・松尾浩也　編集代表
四六・並製・800頁　本体2,500円（税別）ISBN978-4-7972-5610-9 C0532
軽量・コンパクトで使いやすい総合スポーツ法令集

〒113-0033　東京都文京区本郷6-2-9-102　東大正門前
TEL：03(3818)1019　FAX：03(3811)3580　E-mail：order@shinzansha.co.jp

信山社
http://www.shinzansha.co.jp

理論と実際シリーズ6

宮崎正浩・籾井まり 著

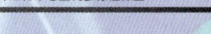

生物多様性とCSR
－企業・市民・政府の協働を考える－

A5変・並製・248頁 本体 3,800円（税別） ISBN978-4-7972-5836-3 C3332

企業、市民・NGO／NPO、政府関係者必読

原材料などを依存する、企業の取組みを進める上で、重要な客観指標、評価基準を提案し、また、市民・NGO／NPOの生物多様性政策への市民参加の意義を説明、より広い参加を実現するための提案を行う。既に諸外国に導入されているノーネットロス政策の現状と課題も、最新状況を解説した、今後の社会活動に必須の実践理論。企業、市民・NGO／NPO、政府関係者必読。

目 次
第1章 生物多様性の現状と将来
 I 生物多様性とは何か
 II 生物多様性の価値
 III 世界の生物多様性の現状と将来
 IV 生物多様性と気候変動との関係

第2章 生物多様性条約における保全への取組み
 I 生物多様性保全政策のこれまでの流れ
 II 生物多様性条約
 III 2010年目標
 IV ポスト2010年目標

第3章 企業の役割と取組みの現状
 I 企業の役割
 II 企業の行動に関する指針の現状と課題
 III 世界の企業の取り組みの現状
 IV 日欧米企業の取組の比較
 V 企業の生物多様性戦略

第4章 企業の取組みの評価
 I 企業の取組みの評価基準
 II 今後の課題

第5章 市民・NGO/NPOの役割
 I NGO/NPOの社会における役割と企業との
   パートナーシップ
 II 企業とNGO/NPOのパートナーシップの意義
 III 市民参加

第6章 政府の役割
 I 生物多様性条約を実施するための法制度
 II 生物多様性国家戦略2010
 III 国内の生物多様性の保全法
 IV 海外の生物多様性保全への責務

第7章 生物多様性ノーネットロス政策の課題
 I ノーネットロス政策の意義
 II 生物多様性オフセットの意義と評価
 III 海外におけるノーネットロス政策
 IV 経済的手法としての意義
 V 生物多様性バンク
 VI ノーネットロス政策の論点
 VII 日本でのノーネットロス政策導入の課題

第8章 今後の生物多様性保全の課題
 I 日本国内の生物多様性保全
 II 海外における生物多様性保全

---

1 企業結合法制の実践　中東正文 著
A5変・並製・208頁　本体 3,400円（税別）
ISBN978-4-7972-5831-8 C3332
時代の要請に応え、実務と理論を架橋

2 事業承継法の理論と実際　今川嘉文 著
A5変・並製・248頁　本体 3,600円（税別）
ISBN978-4-7972-5832-5 C3332
日本司法書士連合会推薦

3 輸出管理論　田上博道・森本正崇 著
A5変・並製・264頁　本体 4,200円（税別）
ISBN978-4-7972-5833-2 C3332
日本の輸出リスク管理を体系的に概説

4 農地法概説　宮崎直己 著
A5変・並製・304頁　本体 3,800円（税別）
ISBN978-4-7972-5834-9 C3332
農地売買、転用に関する問題点

5 国際取引法と信義則　加藤亮太 著
A5変・並製・224頁　本体 3,600円（税別）
ISBN978-4-7972-5835-6 C3332
ウイーン売買条約（CISG）の重要条文を検討

9 特許侵害訴訟の実務と理論　布井要太郎 著
A5変・並製・208頁　本体 3,800円（税別）
SBN978-4-7972-5839-4 C3332
クレーム解釈の実務状況と海外の最新状況

〒113-0033　東京都文京区本郷6-2-9-102　東大正門前
TEL:03(3818)1019　FAX:03(3811)3580　E-mail:order@shinzansha.co.jp

信山社
http://www.shinzansha.co.jp

竹内一夫 著

不帰の途 —脳死をめぐって

上製・432頁 本体 3,200円（税別）　ISBN978-4-7972-6030-4 C3332

わが国の「脳死」判定基準を定めた著者の著者の"心"とは

医療、生命倫理、法律などに関わる方々必読の書。日本の脳死判定基準を定めた著者が、いかなる考えや経験をもち、「脳死」議論の最先端の途を歩んできたのか、分かり易く語る。
他分野の専門家との対談なども掲載した、今後の日本の「脳死」議論に欠かせない待望の書籍。学問領域を超え、普遍的な価値を持つ著者の"心"を凝縮した1冊。

◆目　次◆
Ⅰ　脳死以前の脳死—脳死状態の出現から一世紀
1　脳死以前の脳死の話
2　温故知新　Cushing現象から百年
3　クッシング現象の一世紀
4　一世紀前の脳死症例
5　まだ明確でない死の認定
6　脳神経外科と脳死の問題
7　最近の「脳死」事情
8　続・脳死事情
Ⅱ　「脳死」と植物状態—正しい理解の重要性
9　脳死と植物状態
10　「植物人間」の定義
11　植物状態の生命予後
12　遷延性脳死状態
Ⅲ　脳死判定基準と各国の基準—その普遍的骨格と変遷
13　脳死の概念の導入とわが国社会の対応
14　「脳死」のメモ
15　〈対談〉脳死をめぐって
　　　—死の判定はどう変わるか
16　脳死、その問題点
17　〈座談会〉新脳死基準と死の容認
18　〈討論〉脳死と臓器移植
19　〈座談会〉生命倫「脳死および臓器移植についての最終報告」をめぐって
20　脳死の定義と判定基準
21　最近の脳死判定基準
22　脳外科医による脳死論議
23　〈書評〉世界で最も読まれている脳死の教科書
24　欧米の脳死事情
25　各国における脳死判定の現状
26　脳死判定をめぐって
27　脳の中ядеряй机能と死
28　国際化時代の脳死　ある途上国の判定基準から
29　わが国の脳死問題
30　小児の脳死
31　脳死出産
32　最近の新聞から
Ⅳ　「脳死」と臓器移植　脳死判定基準の適用
33　〈対談〉臓器移植　脳死判定基準件における過程とその適用上の問題点
34　脳死潭議余話
35　臓器提供の心
36　わが国の脳死移植が咆える難問題
37　偶　感
Ⅴ　近代医学の両価性（ambivalenc）と人間愛　我々に課された務め
38　死線期人工呼吸と臨床医学における両価性
39　心臓移植に憶う
40　第三世代の脳死基準
41　脳死判定の疑義解釈
42　医療、生命、そして法
43　頓挫精神
44　脳死報道の不思議
45　帰路のない道
46　某月某日
47　帰らざる橋
Ⅵ　忘れ得ぬ人たち・脳死研究の背景になった昔話　温故知新
48　忘れ得ぬ先達
49　〈プロフィール〉Donald R.Bennett
50　〈対談〉医の心　先蒙医師に学ぶ
51　〈インタビュー〉Medical Who's Who
52　脳神経外科の魅力

〈著者紹介〉

竹内一夫（たけうち かずお）

大正12年　東京生まれ
昭和21年　東京帝国大学医学部卒業
昭和32年　東京大学講師　脳神経外科部長
昭和33年　虎ノ門病院脳神経外科部長
昭和48年　杏林大学教授
昭和58年　杏林大学医学部長
昭和61年　日本脳神経外科学会会長
昭和63年　杏林大学学長
平成3年　紫綬褒章
平成5年　日本医師会最高優功賞
平成10年　杏林大学名誉教授
　同　年　勲二等瑞宝章

表紙について

先生、素人は素人。表紙はむずかしい。でも、考え、思いついたのが古代の絵です。色は帝王紫、貝の内臓液式のまま乳白色のようのが出てきれいに紫色になります。紫色れいに、メキシコにヒマチョラレイシ、ペルーにアブビモドヘ、ギリシャにツロップリ、シリヤにツーブリ、無数にある貝の種類の中、アクキ貝科の帽子貝ともいう貝種類の中、アクキ貝科の実を。具の内臓のバーブル線 C.H.Br.N.O.乳白色のものに限られています。飛び立つというかえて見なる貝、帝王紫、そして、なぜか、ギリシャかといえば、古代朝貢文化で染めたそれな色が変化するからで、変な男の跡があり、脳外科がすでにあったのでしよう。私にもよく知りませんが、医学の骨、つまり、古くからある歴史と文化に、先生が今、大きな医学の骨、つまり、古くからある歴史と文化に、先生が今、大きなつかいました。もちろんその染料は、私達では使えません、その色に近づけて、お気に召しませんでしたら、スぐ染めます。めんなさい。いろんなことでってでめんなさい。はしり書きでごめんなさい。

まり子

〒113-0033　東京都文京区本郷6-2-9-102　東大正門前
TEL:03(3818)1019　FAX:03(3811)3580　E-mail:order@shinzansha.co.jp

信山社
http://www.shinzansha.co.jp

町野 朔・水野紀子・辰井聡子・米村滋人 編

生殖医療と法

B5正・並製・312頁 本体4,800円（税別） ISBN978-4-7972-8801-8 C3332

生命倫理・医療と法を考える素材を提供する重要資料

代理懐胎に限らず、生殖医療の問題は個々に切り離して見ることはできない。生殖医療全体を背景として、医療、倫理、法律の諸側面から、そして、医療の提供者、その受給者、社会の人々、何よりも生まれてくる子どもの視点から考えなければならない。本書は、政府委員会等の報告書、学会の倫理指針、裁判例を収録している。各章の冒頭には「解題」が置かれている。

◆目　次◆
第Ⅰ章　政府の報告書等
解　題（辰井聡子）
1　厚生省／厚生労働省
2　法務省［平成15年7月15日，法制審議会生殖補助医療関連親子法制部会第18回会議］
第Ⅱ章　弁護士会の意見書
解　題（辰井聡子）
1　生殖医療技術の利用に対する法的規制に関する提言［平成12年9月, 日本弁護士連合会］
2　「厚生科学審議会先端医療技術評価部会生殖補助医療技術に関する専門委員会報告書」に対する意見書［平成13年3月9日, 日本弁護士連合会］
3　「生殖医療技術の利用に対する法的規制に関する提言」についての補充提言
―死後懐胎と代理懐胎（代理母・借り腹）について―
第Ⅲ章　医学会の指針等（町野　朔）
1　日本医師会「生殖医療」『医師の職業倫理指針［改訂版］』
2　日本産科婦人科学会会告
3　日本生殖医学会
4　日本生殖補助医療標準化機関（JISART）
第Ⅳ章　日本学術会議の報告書等
解　題（辰井聡子）
1　代理懐胎を中心とする生殖補助医療の課題―社会的合意に向けて〈対外報告〉
2　日本学術会議からの法務大臣，厚生労働大臣への回答
第Ⅴ章　親子関係をめぐる裁判例
解　題（水野紀子）
1　法律上の親子関係と血縁上の親子関係
2　AID児
3　凍結精子による死後懐胎
4　ドナーの卵子を用いた借り腹型代理懐胎
5　借り腹型代理懐胎
第Ⅵ章　着床前診断，ロングフル・バースに関する裁判例
解　題（米村滋人）
1　着床前診断の学会規制
2　ロングフル・バース訴訟

◆臓器移植法改正の論点◆
A5変・上製・340頁　本体10,000円（税別）　ISBN978-4-7972-2244-9 C3332
町野 朔・長井 圓・山本輝之 編
臓器移植法改正案検討の必読文献

◆ポストゲノム社会と医事法◆
A5変・上製・248頁　本体9,000円（税別）　ISBN978-4-7972-1201-3 C3332
甲斐克則 編
執筆者　アルピン・エーザー・粟谷 剛・ラリーン・シルーノ
ジョージ・ムスラーキス・岩志和一郎・ドン・チャーマーズ
山本龍彦・手嶋 豊・位田隆一　訳者　福山好典・新谷一朗
三重野雄太郎・一家綱邦・原田香奈
医事法の深化を図る国際比較と基礎理論

◆生殖補助医療◆
四六変・上製・400頁　本体6,300円（税別）　ISBN978-4-7972-5903-2 C3332
神里彩子・成澤 光 編
秋葉悦子・石原 理・井上悠輔・岡垣竜吾・小門 穂
張 瓊方・洪 賢秀・吉田治代・米本昌平　著者
生殖補助医療の現状とこれから

〒113-0033　東京都文京区本郷6-2-9-102　東大正門前
TEL:03(3818)1019　FAX:03(3811)3580　E-mail:order@shinzansha.co.jp

信山社
http://www.shinzansha.co.jp

田島 裕著作集第7巻

田島 裕 著

刑法・証拠法・国際法

A5変・上製・416頁　本体12,000円（税別）　ISBN978-4-7972-1777-3 C3332

歴史的経緯とその理論的変遷

刑法（第1部）、証拠法（第2部）、国際仲裁法（第3部）、ヨーロッパ人権規約（第4部）、日本刑法の比較法的考察（第5部）、その他（第6部）とした、著者の数多い論考のなかで、1冊の本の形に整える事が困難な著作を収載した。研究者や実務家、法科大学院生必読の書。英米の最近の変革なども視野に入れ、歴史的、比較法的に貴重な論考を掲載。好評の田島裕著作集の第7巻、遂に刊行。

◆目　次◆
はしがき
第1部　刑　法
1. 英米刑法の基礎
2. コンスピラシー法理の形成──エドワード1世の法律
3. スター・チェンバーによるコンスピラシー法理の利用
4. 労働法と経済法のコンスピラシー
5. 現在のコンスピラシー法理

第2部　証拠法
1. 田中和夫『新版証拠法』（有斐閣、1959年）の意義
2. 証明の必要
3. 裁判所による検察官・弁護人の役割
4. 裁判官による事実認定
5. 伝聞証拠法則
6. 被告（人）の自白または自認
7. 証　言
8. 書証その他の物的証拠
9. 上告の証拠法則と再審のための証拠
10. おわりに

第3部　国際仲裁法
1. 国際仲裁の主要判例
2. 英米の国際仲裁手続

第4部　ヨーロッパ人権規約
1. Introduction
2. Freedom of Expression, per se,in Article 10 of the Convention
3. Implementation of Freedom of Expression by the Council of Europe
4. Safeguards Still Neede for Further Protection
5. Conclusion

第5部　日本刑法の比較法的考察
1. Brief History
2. The Framework of Japanese Criminal Law
3. Examples of Buddhist Influence
   ——General Principles of Criminal Law
4. Safeguards Still Neede for Further Protection
5. Conclusion

第5部　日本刑法の比較法的考察
1. Brief History
2. The Framework of Japanese Criminal Law
3. Examples of Buddhist Influence
   ——General Principles of Criminal Law
4. Examples of Buddhist Influence
   ——Classification of Crimes
5. Examples of Buddhist Influence
   ——Criminal Procedure and Execution
6. Some Concluding Remarks

第6部　その他
1. ウルフ・レポートと証拠法則
2. 公証人の面前で作成された供述証書の証拠能力
3. ブランダイス・ブリーフについて
4. イギリスの特別裁判所
5. フィリップス卿の訪日──イギリス憲法の新展開のはなし
6. レンキスト首席裁判官（アメリカ合衆国最高裁判所）の訃報
7. 法科大学院の教材づくり──国立裁判制度研究所創設の夢──

◆田島裕著作集　全8巻◆

1. **アメリカ憲法**──連邦憲法の構造と公法原理　A5変・上製　554頁　本体10,000円（税別）
2. **イギリス憲法**──議会主権と法の支配　（続刊）
3. **英米の裁判所と法律家**　A5変・上製　392頁　本体10,000円（税別）
4. **コモン・ロー（不法行為法と契約法）**　（続刊）
5. **英米の土地法と信託法**　（続刊）
6. **英米企業法**　A5変・上製　376頁　本体11,000円（税別）
7. **刑法・証拠法・国際法**　A5変・上製　416頁　本体12,000円（税別）
8. **英米法判例の法理論**　A5変・上製　254頁　本体6,000円（税別）

◆著作集　別巻◆

1. **比較法の方法**　四六判・上製　224頁　本体2,980円（税別）
2. **イギリス憲法典**──一九九八年人権法　四六判・上製　144頁　本体2,200円（税別）
3. **イギリス法入門〔第2版〕**　四六判・上製　336頁　本体3,200円（税別）
4. **アメリカ法入門**　（続刊）

〒113-0033　東京都文京区本郷6-2-9-102　東大正門前
TEL:03(3818)1019　FAX:03(3811)3580　E-mail:order@shinzansha.co.jp

信山社
http://www.shinzansha.co.jp

今野或男 著

国会運営の法理

四六変・上製・480頁　本体3,800円（税別）　ISBN978-4-7972-6034-2 C3332

衆議院事務局議事部での経験とその理論

衆議院事務局議事部に長く勤めた著者による、具体的かつビビッドな体験談。国会の円滑な運営がいかになされてきたか、その実際と、貴重な理論が明かされる、待望の書。議会制度の研究のみならず、憲法学、政治学にも有益な示唆を与える貴重な理論書。

◇Ⅰ　会期制度
一　会期不継続の原則についての一考察
二　会期不継続の適用の整備
三　会期不継続と憲法との関係
四　会期不継続の縮和の方向
二　国会における立法の認識の変遷
　　—会期不継続の原則の縮和に向けて—
一　はじめに
二　帝国議会時代の論議
三　現行制度下における論議
四　今後の検討課題
◇国会側からの委員会活動の整理と移行制度との関係
　　—衆議委員会質疑の整理と現行制度との関係—
一　はじめに
二　帝国議会における継続審査についての認識
三　常置委員会制度創設の動き
四　GHQの常置委員会制拒否と新国会法の規定
五　国会発足後の展開
六　おわりに
◇Ⅱ　両院協議会
四　両院協議会の性格
　　—審査委員会か起草委員会か—
一　はじめに
二　両院協議会についての二つの説
三　甲説の根拠
四　乙説の根拠
五　衆議院における再議決の対象
六　国会における実際の取扱い
五　両院協議会の性格・再論
　　—第二八回国会における政治改革関連法案の取扱いを顧みて—
一　はじめに
二　原案保持主義に基づく付託
三　両院協議会の打切りと衆議院の再議決
四　むすび
六　両院協議会
一　最近の事例
二　制度・運営の治革
三　再検討の必要性
◇Ⅲ　一事不再議の原則
七　国会審議における一事不再議の問題点
　　—保志伯仲時代に改めて考える—
一　はじめに
二　単一の案件の再議
三　複数の案件の相互関係における再議
四　おわりに
八　一事不再議の原則の適用に関する考察

二　第十九回帝国議会における勧諭奉答文事件
三　諭獅と法律案との関係
四　憲法における衆議院優越の規定との関係
あとがき
五　国会法第五六条の四との関係
六　対策の処理
七　おわりに
◇Ⅳ　特殊な議案審議についての解釈
九　衆議院における予算組替え動議の取扱いについて
一　はじめに
二　組替え動議の発議要件と性格
三　予算委員会において組替え動議が可決された場合の処理
四　むすび
一〇　内閣に対する信任・不信任又は問責の決議案について
一　内閣信任決議案と一事不再議の原則
二　内閣不信任決議案のハプニング可決
三　参議院において内閣問責決議案が可決された場合
一一　議員辞職勧告決議と対案選出への対応
　　—院議不服従は意思事犯である—
一　はじめに
二　田中彰治事件
三　ロッキード事件と政治倫理問題
四　友部違夫事件
五　憲法五八条と議員の身分保障
六　院議不服従者容認の問題点
七　院議不服従と懲罰
八　おわりに
一二　国会の法規・慣例において検討を要する問題点
　　—要議形骸化の起因と経過—
一　はじめに
二　特別会と常会の併合召集
三　緊急会の元首と委員会に固有の権限
四　議長発議案の有様要件
五　秘密会議員の公開年棒
六　法規と慣行の準則
七　おわりに
◇Ⅴ　事務総長の職務権限と事務局職員のあり方
一三　議院事務総長による長長職務の代行の範囲
　　—特別会・臨時会では召集日に会期を決定しなければならない理由—
一　はじめに
二　過去における類似例
三　第二九回国会における事例とこれに対する批判
四　特別会・臨時会の会期決定時期
五　院の構成と会期の関係
六　決裁履行使の可否
七　議院の役員であることの意義
一四　昭和の議会を支えた縁の功労者
　　—鈴木隆夫・元事務長のこと

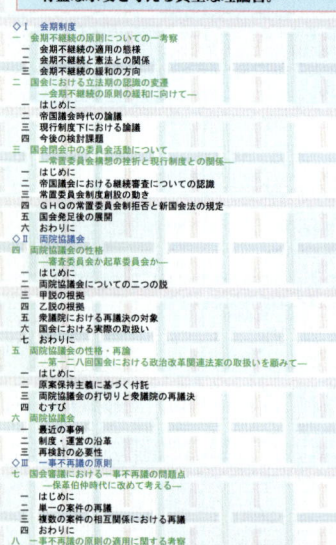

逐条国会法

〈全7巻＋補巻（追録）〉

◇ 昭和54年3月衆議院事務局 編
◇ 刊行に寄せて　衆議院事務総長　鬼塚　誠
◇ 事務局の衡量過程のÉpiphanie 〔解説〕広島大学法務研究科准教授　赤坂幸一

◇ 第1巻　①3241-7　352頁　11,760円（税別）
　第1章　国会の召集及び開会式（第1条〜第9条）
　第2章　国会の会期及び休会（第10条〜第15条）
◇ 第2巻　②3242-4　672頁　21,360円（税別）
　第3章　役員及び経費（第16条〜第32条）
　第4章　議　員（第33条〜第39条）
◇ 第3巻　③3243-1　760頁　23,800円（税別）
　第5章　委員会及び委員（第40条〜第54条）
◇ 第4巻　④3244-8　648頁　20,640円（税別）
　第6章　会　議（第55条〜第68条）
◇ 第5巻　⑤3245-5　640頁　20,400円（税別）
　第7章　国務大臣及び政府委員（第69条〜第73条）
　第8章　質　問（第74条〜第78条）
　第9章　請　願（第79条〜第82条）
　第10章　両議院関係（第83条〜第98条）
◇ 第6巻　⑥3246-2　496頁　16,080円（税別）

　第11章　参議院の緊急集会（第99条〜第102条の5）
　第12章　議院と国民及び官庁との関係（第103条〜第106条）
　第13章　辞職退職補欠及び資格争訟（第107条〜第113条）
　第14章　紀律及び警察（第114条〜第120条）
◇ 第7巻　⑦3247-9　528頁　17,040円（税別）
　第15章　懲　罰（第121条〜第124条）
　第16章　弾劾裁判所（第125条〜第129条）
　第17章　国立国会図書館並制及び議員会館（第130条〜第132条）
　第18章　補　則（第133条）
　◇議院における証人の宣誓及び証言等に関する法律

◇ 第8巻　補巻（追録）【平成21年12月編】
　⑧3248-6　560頁　19,800円（税別）
　国会法改正一覧表／国会法改正経過／衆議院規則改正
　経過一覧表／衆議院規則改正経過／逐条国会法追録

■ 3249-3　全8冊セット　税込 158,424円（本体 150,880円）

〒113-0033　東京都文京区本郷6-2-9-102　東大正門前
TEL：03(3818)1019　FAX：03(3811)3580　E-mail：order@shinzansha.co.jp

信山社
http://www.shinzansha.co.jp

山下愛仁 著

国家安全保障の公法学

四六変・上カ・304頁 本体6800円（税別） ISBN978-4-7972-6033-5 C3332

防衛法を貫く法原理の探究

防衛法制を憲法学、行政法学等の幅広い視点から考察し、防衛法学の独自性、方法論を研究した貴重な論考を収載。
防衛法を貫く法原理の探究は、憲法学、行政法学、政治学等、幅広い視点からの要請に応え、有益な示唆を与える。

序　論　1
第一編　防衛法制論
一　はじめに
二　問題の所在
三　防衛省への移行に伴う組織法上の位置づけの変更
四　内閣と行政各部との関係から見た防衛省・自衛隊の位置づけ
五　防衛省・自衛隊に対する内閣の首長としての内閣総理大臣の最高指揮監督権
六　「省移行」に伴う主任の大臣の変更の意味
七　執政権説と国の防衛
八　むすび

一　はじめに
二　注目すべき防衛作用、警察作用に関する議論
三　「ネガ・リスト」・「ポジ・リスト」論の分析視角
四　作用規制論としてのネガ・ポジ論
五　自衛隊法の全体構造論としてのネガ・ポジ論─法律事項の範囲
六　自衛隊の活動を決定するのは国会の排他的所管か
七　他国の憲法状況
八　むすびにかえて

一　はじめに
二　法治主義と領空侵犯措置
三　八四条の解釈論の展開
四　防衛庁における裁量基準とその問題点
五　その他の問題点─領空外における領空侵犯措置
六

一　はじめに
二　「領域警備」の概念
三　「領域警備」警察作用説
四　治安出動の性質
五　警察比例の原則適用の意義
六　「大規模テロ行為」等の性質
七　「領域警備」の性質
八　むすび

第二編　憲法の基礎理論
一　はじめに
二　小嶋博士の所説
三　シュミットの所説
四　国家の存在論と認識論
五　憲法学と国家
六　むすびにかえて

（付　録）
一　課題と方法
二　一般的国家構造とアメリカ国家
三　アメリカ国家における「精神的文化的結合態」成立の論理
四　アメリカ国家の根底にあるもの─過剰な資本主義の精神
五　「アメリカ国家の根底にあるもの」の形成の歴史
六　ピューリタニズムと資本主義の精神との関係
七　なぜアメリカの資本主義（の精神）は過剰なのか
八　モンロー主義から覇権国家へ
九　むすびにかえて

◆行政訴訟と権利論（新装版）

A5変・上製・376頁　本体8800円（税別）　ISBN978-4-7972-5407-5 C3332

多極化する行政法上の法関係

社会構造の複雑化、行政課題の多様化に伴う問題点を考察。処分取消訴訟の対象（処分性）および原告適格をめぐる解釈問題を中心に行政訴訟と権利論を論ずる。行政法上の問題点を、憲法の基本権との関係をいかに考えるか、そして行政法学の当事者間における権利義務関係を憲法規範などもも視野に入れ、精緻に構成する必要性を提起。さらに、「権利/自由」といった法関係の基本概念の法理学的な分析も試みる行政法学の方向性を示す。多様化・複雑化する行政法学研究に必須の名著、待望の第2刷新装版。

◆立憲国家と憲法変遷

A5変・上製・640頁　本体12800円（税別）　ISBN978-4-7972-5408-2 C3332

憲法学の基礎概念に関する理論的研究

ドイツを中心に、憲法理論を比較検討し理論的検討し、≪第一部≫では「国家」「立憲主義」「国民主権」といった憲法学の基礎概念に焦点を当て、統合原理に関する研究や国家の役割論・目的論を論ずる。≪第二部≫では、基本権保障」について、その基礎理論から個別基本権の各論的研究すで論ずる。個人の自由の実質化・最適化のために憲法の基本権規定はいかに解釈されるべきか、という視点より洞察。≪第三部≫では、時間の経過の中で変転する憲法秩序を、「憲法変遷」概念を精査し、検討。

◆抵抗権論とロック、ホッブズ

A5変・上製・340頁　本体8200円（税別）　ISBN978-4-7972-5224-8 C3332

抵抗権論考察のための必読書

宮澤俊義著『憲法Ⅱ』における「抵抗権」の定義の当否を検討するためにロック、ホッブズの政治理論の分析・検討に取り組んだ著者の研究の集大成。

〒113-0033　東京都文京区本郷6-2-9-102　東大正門前
TEL:03(3818)1019　FAX:03(3811)3580　E-mail:order@shinzansha.co.jp

信山社
http://www.shinzansha.co.jp

飯島 紀 著
はじめての古代エジプト語文法
ヒエログリフ入門

A5変・並カ・344頁 本体4,500円（税別）ISBN978-4-7972-8811-7 C3387

古代エジプト世界の叡智への架け橋

文法から文体論へそして演習へとテンポよく学習できる古代エジプト語の入門書。ヒエログリフ（聖刻文字）が、ローマ字通りの発音で読め、古代エジプト世界の叡智への架け橋に。単語表も出来る限りアルファベット順にならべるなど、見やすい構成で学習をサポート。

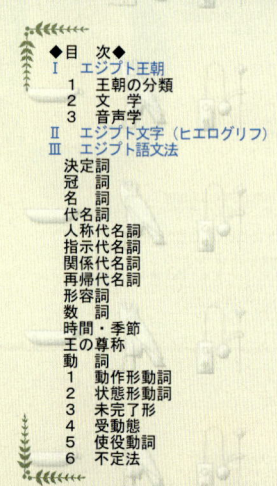

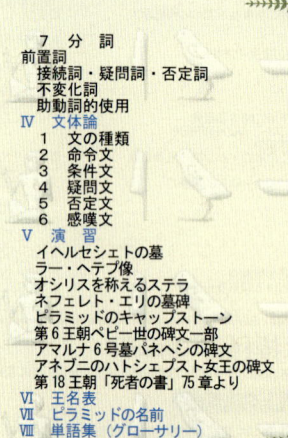

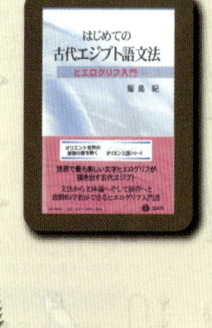

◆目　次◆
Ⅰ　エジプト王朝
　1　王朝の分類
　2　文　学
　3　音声学
Ⅱ　エジプト文字（ヒエログリフ）
Ⅲ　エジプト語文法
　決定詞
　冠詞
　名詞
　代名詞
　人称代名詞
　指示代名詞
　関係代名詞
　再帰代名詞
　形容詞
　数詞
　時間・季節
　王の尊称
　動　詞
　1　動作形動詞
　2　状態形動詞
　3　未完了形
　4　受動態
　5　使役動詞
　6　不定法
　7　分　詞
　前置詞
　接続詞・疑問詞・否定詞
　不変化詞
　助動詞的使用
Ⅳ　文体論
　1　文の種類
　2　命令文
　3　条件文
　4　疑問文
　5　否定文
　6　感嘆文
Ⅴ　演　習
　イヘルセシェトの墓
　ラー・ヘテプ像
　オシリスを称えるステラ
　ネフェレト・エリの墓碑
　ピラミッドのキャップストーン
　第6王朝ペピ一世の碑文一部
　アマルナ6号墓パネヘシの碑文
　アネブニのハトシェプスト女王の碑文
　第18王朝「死者の書」75章より
Ⅵ　王名表
Ⅶ　ピラミッドの名前
Ⅷ　単語集（グロッサリー）

〒113-0033　東京都文京区本郷6-2-9-102　東大正門前
TEL：03(3818)1019　FAX：03(3811)3580　E-mail：order@shinzansha.co.jp
信山社
http://www.shinzansha.co.jp

ションには使えないことになる．もともと事業用借地権は，郊外型レストランやスーパーとか日曜大工用具店が想定されたもので，最近では大型スーパーとかアウトレットモールに使われている．このためマンションでは一般定期借地権が使われることになるが，この辺のところが「定借」の進展しない理由とも考えられる．不動産市場でのマンションの賃貸事例や REIT（不動産投資信託）に表される金融証券化が展開している現状を考えると，定借制度がいかにも狭苦しく感じられることは否めない．

具体的な例として，認知症高齢者を収容する住居系の老人介護施設であるグループホームの定期借地権を，事業用とするか一般定借とするかで，公正証書の作成に悩むそうである．病院と賃貸アパートの違いのようなものだが，専門家でも意見が分かれる．この場合の居住と非居住の区別は，利用期間の長短ではなく不特定多数の者が利用するかどうかで判断すべきであるという意見が有力である．また，実際に土地所有者（地主）にとって，「定借」で50年以上の賃貸借契約を結ぶことには抵抗がある．そこで，便法として次のような事例が行われることが報告されている．

○地主に建物を建ててもらい，それを借りることで実質的に定期借地とする．
○借地に建物を建て，建物の買取りの特約を付けることで定期借地と同様にする．
○公益施設を建てて，公有地を定期借地する．
○工場を誘致して，公有地を定期借地する．

このように，借地にはいろいろな型が使えることは事実で，土地利用の多様化という点から借地・借家契約の内容を工夫すれば，定期借地権に代替するの手法が取れることがが示されている．

借地の特殊な形態　少し堅苦しくなるが，物権の変動に関する事項について述べる．物権の変動とは，物権の発生・変

更・消滅のことである．例えば所有権の場合なら，建物の売買や相続によって所有権が生じ，変更には地上権の存続期間を変更することなどがこれである．所有権以外の物権は，それぞれの権利固有の原因によって消滅する．例えば，地上権は存続期間の満了により消滅する．しかし，これらとは別に，物権一般共通の消滅原因がある．それには，建物の滅失や消滅時効などが挙げられる．

さて，民法にはこの他に一般的消滅原因として「混同」の規定が置かれている（法179条1項本文）．混同には2つの形態がある．その1は，所有権とその他の物権の同一人への帰属である．例えば，自分の地上権の設定のある土地を買い取ったような場合である．その2は，所有権以外の物権とこれを目的とする権利の同一人への帰属である．例えば，自分の地上権に親のために抵当権を設定していたが，相続によってともに帰属することになったような場合である．これらは，所有権又は地上権に吸収される形で消滅する．このようなことは，一般の土地の賃貸借では起こらないが，念のため述べておきたい．

次に「自己借地権」について触れる．これも混同と同様な内容になる．前述したように，土地所有者とその土地の借地権が同一人に帰属したときは，借地権は混同によって消滅し，その土地に自らの借地権（自己借地権）を設定することは許されないとされてきた．しかし，借地借家法では借地権が設定者に帰した場合でも，他の者と共に有するときに限り，民法の特例としてこれを認めることとした（法15条2項）．なお，新規に設定する場合も，同じ条件であれば認められる（法15条1項）．

この規定は，自分の土地に区分所有建物を建てて，借地権を敷地利用権とする区分所有建物を分譲する場合や自分の土地に土地所有者と第三者で共有建物を建てる場合に適用できる．かっては，まず借地権を設定し，区分所有建物とともに借地権の準共有持分を買主に移転するという方法を取らなければなかったが，自己借地により借地権の準共有持分を移転すればよいことになる．

自己借地権の設定は，一般定期借地権・建物譲渡特約付借地権・事業用借地権のいずれでもよい．自己借地権の設定は，借地権設定者と借地権者との合意で行われる．公正証書の必要もなく，登記も効力発生要件ではなく対抗要件にすぎない．なお，経過措置として，新規の自己借地権の設定は，法施行後に設定される借地権にのみ適用される（平成3年法・附則4条）．この方式の活用は，今後，マンション等の集合住宅や市街地再開発事業の手法として採用されることが想定される．

借家の特殊な形態

借家にも特殊な形態がみられる．「取壊し予定の建物の賃貸借」についてである．法令又は契約によって，一定の期間の経過後に建物を取り壊すことが明らかな場合は，賃貸契約の更新や終了に関する強行規定にかかわらず，除却時に賃貸借が終了する特約を定めることができる（法39条）．この更新排除特約は，借家の利用の幅が広がることの利点の反面，建物賃貸借関係の更新拒絶及び解約申入れが正当の事由の存在にかかわるという建物利用の原則の例外となることである．この特約が，賃借人の地位を不安定にするような濫用がないよう配慮すべきである．

特約は，建物を取り壊すべき事由を記載した書面によって行われることになるが，その内容となる要件を考えてみる．まず法令による場合は，土地収用法に基づく収用，都市計画事業の施行，土地区画整理事業や市街地再開発事業による敷地の移転・建物の除却などが該当する．ただし，これらの建物取り壊しの時期が明確でなければならない．契約による場合としては，定期借地権の期間満了時における土地明渡義務がある．その他に，土地の売買による建物収去を約定している場合や裁判上の和解，調停によって建物敷地の明渡しの猶予期間を与えられている場合などが考えられる．

この特約では，建物所有者が第三者に契約上の土地明渡義務があり，取り壊すこととなる時期の賃貸借終了が必要となる場合を内容とする．

なお，この特約はあくまでも，建物を取り壊すことになる時に賃貸借が終了することを内容としており，取り壊し予定日の記載は契約当事者に将来の目安を与えるという事実上の意味を持つにとどまる．

以上，ここで述べた借地・借家の特殊な形態は，通常では生じない事態と考えられ勝ちだが，自己借地権や取壊し予定の特約はマンション建設や市街地再開発事業として実際に発生するので，実務として留意すべきものである．

再開発事業での「定借」

これまで「定借」の活用形態をみてきたが，ここでは市街地再開発事業に取り入れられた事例を紹介する．その前に少し，再開発に「定借」が活用される背景について述べる．

市街地再開発事業は，地方公共団体を始め再開発組合等により全国で700地区・施行面積1,000㏊を超える事業が完了し，土地区画整理事業とともに都市開発手法としての実績を持っている．事業の種別には第一種事業と第二種事業とがあり，第一種事業は主に再開発組合や個人を中心にした施行で，権利変換の手法が取られる．この事業は，保留床（余剰床）を売却又は賃貸して事業を成立させる仕組みとなっている．このところの景気の低迷や地価下落の影響を受けての床需要の低下は，事業の成立性からも必然的に小規模な事業とならざるを得なくなっている．もしも，従来のような規模での再開発を望むならば，土地費を事業費に組み入れなことや低廉な床を提供する手法を試みなければ成立しない．そこで新たな再開発事業の組立て方として，土地はそのまま分有で定期借地権付とし，地権者の出資する会社が建物を建築して，地権者はそれを賃貸するという手法がとられている．この「定借」による利点としては，地権者は地価下落段階での土地の保全が可能で貸地の地代収入が得られること，施行者（会社）は通常より低価額で床を取得できることや一時金（権利金等）の期間費用化が可能になることが挙げられる．この場合に

定期借地権の活用事例

①全部定借型（Xは参加組合員）

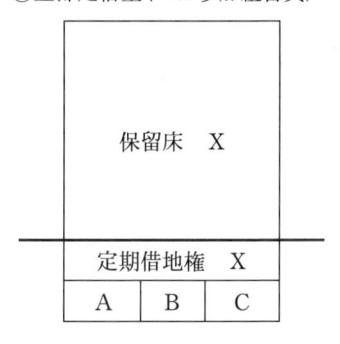

保留床　X		
定期借地権　X		
A	B	C

②部分定借型（X・Yは参加組合員）

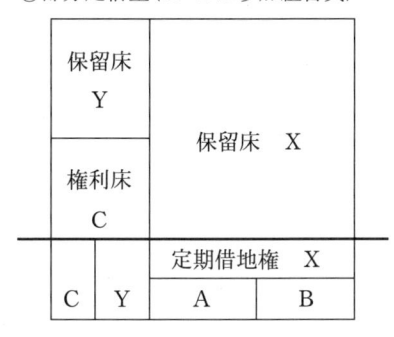

保留床 Y	保留床　X	
権利床 C		
	定期借地権　X	
C	Y	A	B

③混合定借型（Xは共同出資会社・Zは分譲）

共同店舗		住宅 DE
権利床 ABC	保留床 X	
		住宅 Z
ABC・Xの定期借地権		
A	B	C	D	E

は，地権者への一時金及び地代の支払いは納得できる金額となるか，また，事業及び賃貸経営の採算は取れるかの課題がある．

さらに，「定借」による再開発は土地価額の顕在化を避けることを目的に考えられているが，新しい建物の使用者にとっての賃料（価額）・賃貸面積・用途等の条件をクリアーできなければ事業はまとまらない．この点では，通常の再開発事業と変わらない．と言うことは，「定借」を活用することは特効薬でなく，施設の規模の大小を問わずに事業化にあたり選択する一手法に過ぎない．

土地費を顕在化させない事業手法として定期借地権が取り入れられるが，これは従後（事業完成後）の土地の扱いを変化させ，地上権（敷地利用権）に代って定期借地権を設定することである．これにより土地価額を床に負担させないことで，低廉な床価額が成立することになる．

本来ならば，この定期借地権は事業用が適当なのだが，事業用借地権は居住外用途に限定するために，複合用途建物では敷地分割などの方法を取り入れているのが現実である．一方でマンションは，単独用途なので，いろいろの型での対応が可能となる．このように，法定事業には一般定期借地権が組み込まれるが，「定借」は再開発事業の一つの有力な手法として期待されている．

さらに，事業用定期借地権を使って，適時に建物を買取るという手法も使い始められている．これらは業務用建物を対象としたもので，契約期間の設定が短期でも可能である．ただ，法定事業で権利変換手続として行われる事業用定期借地権がどのように有効に利用できるか，また制度として確立できるかには疑問が残る．

商店街の再生事業

最近の事例として，次のような報告がある．この事例は事業コストの縮減を図るために「定借」を活用したものだが，前述した手法を採用している．コンセプトとしては，既存商店街の商店主が「街づくり会社」を設立して，

商店街の区域全体を定期借地して建物を建て，商店主はその建物を借りるということである．また，建物の一部（住宅）を借地権付区分所有建物として分譲している．

　権利変換で，この会社は敷地利用権（地上権に相当）と区分所有建物を取得する．それも定期借地権の準共有持分を取得することになるが，土地（底地）や地上権を取得しないことで床価格を低減することになる．これによって一般的な手法よりも床価額が割安になり，広い床を取得できるメリットがある．問題は期間満了時に，建物取壊か建物譲渡を選択することになるので，その意味では生活の基盤を失うことになる．そこで解決の方向として，建物譲渡後に借家関係が生じる余地を残しておくことが考えられている．

区画整理に「定借」を

　土地区画整理事業における「定借」の活用について述べる．一見して区画整理と定期借地権は関係がないように思われるが，そうではない．どちらも土地を対象としているということでなく，事業としてみた場合に再開発と同様な事柄が生じる．即ち，事業採算に関わることで，現今の区画整理事業の破綻の救済に役立つものと考えるからである．

　土地区画整理事業の仕組みは，従前（事業前）の土地を減歩することで出来る保留地を処分（売却）して事業費に当てるという手法を取る．宅地を造成するために，田畑・山林等の土地の区画形質を変更し，道路等の公共施設を設けることになるが，いわゆる宅地造成とは異なる．「保留地の処分」ということが事業成立の核心となるので，このようなところは前述した再開発と同様である．

　事業経営の破綻の最大な原因とされるものに，保留地処分の困難が挙げられる．その要因とされるのは，バブル経済の崩壊による地価の下落，施行者の杜撰な事業計画等が指摘されるが，事業を施行する立場（地方公共団体・土地区画整理組合等）と関係権利者である住民（組合員）の責任の

所在が問題視されている．さらには，破綻した事業の穴埋めを巡って，公的資金（補助金）導入の是非が論じられている．結果的には，換地処分における再（追加）減歩と補助金の注入が目論まれているが，更には権利者に対する賦課金の徴収も視野にあるとされる．

そこで，この危機を解決する一つの方法として，区画整理事業での「定借」の活用を提案したい．想定するコンセプトは，一定規模（面積には拘らない）の土地（保留地＋換地）を事業地として選択し，仮換地時点での宅地概成前の素地を対象とする．

保留地と換地を合わせるのは，換地を定期借地することで，対象事業地の地価を平均化して事業費の低下を目論むことである．この場合に，事業地における保留地の換地に対する割合を勘案することが必要で，試算では20%が限界とされた．当然に保留地は取得（所有）し，換地は定期借地を基本とする事業となるので，採算やキャッシュフローが重要となる．これらは，「換地設計」における換地と保留地の関係から割出すことになるが，建設する施設にも「地区計画」の制限が絡む．さらに，保留地の入札価格の上限も判断要素となる．

事業のスキームとしては，企業者（デベロッパー・ハウスメーカー等）が主体となるが，自己使用とするか，或いはエンドユーザーに転貸してもよい．事業地は街区単位を想定するが，保留地は仮換地の段階で処分が可能であり，換地も仮換地されれば権利関係が安定するので，定期借地権の設定はできる．ただ，保留地の登記，清算金の徴収に留意する必要がある．事業地を宅地概成前に取得するのは，利用計画に合わせたインフラ整備を意図するものだが，これには取得する保留地の造成工事費や処分価額にも影響することになる．

大切なのは，これらの想定事項を綿密に計画した実現可能な事業計画をつくることである．そして，区画整理施行者の理解と合意，関係権利者の協力を仰がねばならないことは当然のことである．

3 「定借」導入の実態

前述したように,これまで事業用定期借地権の設定期間は,10年以上20年以下とされていたが,今回の借地借家法の改正で10年以上50年未満とされた.事業用借地権については,社会資本整備審議会や各種団体からの提言があったが,その内容はファミリー向け賃貸住宅及び良質な賃貸住宅の供給促進の事業環境づくりとなっていた.結果とすれば,借地の設定期間が伸張されたことだが,法改正の枠組みであった借地借家制度と特定の政策との峻別 (46頁参照) が崩れたということになる.

事業用借地権の実態

これまでの指摘として,存続期間を含め事業用借地権についての自由度を高めることが検討され,その理由には採算や短期間での資本回収がなことが挙げられてきた.期間変更の実質的な理由には,現行の下限を50年とする定期借地権では多様な居住ニューズに対応した宅地の有効活用の手法としては適当でないことが挙げられている.今回の法改正によってそれが改められ,借地権の存続期間の下限が定期借地権,普通借地権に関わりなく原則30年,事業用の下限が10年となることにより,分かりやすく使いやすい借地制度になった.このことは,定期借地権と事業用借地権,普通借地権の期間を流動化させることによって,都市再開発事業や中心市街地の再生といった複合開発のニーズに応えられることにもなった.

さらに,この事業用借地権には要件の緩和という課題がある.現行規定では,築造できる建物は専ら事業用に限られ居住用は除くとされている.都市部での建物には住宅の付置義務が課されることもあり,それに沿った建物は事業用借地権では建てられないことになる.これについて,居住用の建物所有のための事業用借地権の設定も認める必要があるとの

意見がある．この点については，事業用と一般用の垣根を低くし，幅広い選択を可能にすることで借地に関する諸問題を解決する方途にもなると，提言されている．

定期借地権及び事業用借地権は存続期間が満了すると，原則として建物を取り壊して更地にして返還することになっているのが制度上での枠組みである（法22条，24条）．しかし，それでは資源の無駄や環境問題もでてくる．また事業者としても，建物の減価償却や費用の期間処理などの経理処理が，実務として発生する．このような問題を解決するために，建物を取り壊さないで賃貸人に譲渡できる制度にしたらどうかとの提言もある．

そのほか事業用借地権について検討されるべきものに，公正証書による契約の要件がある．一般の定期借地権は「公正証書による等書面による」とされているが，事業用については「公正証書による」と明記されている．公正証書によることの実務上の効果も期待されているが，この要件を廃止することが提言されてもいる．

以上の定期借地権の課題の提起については，これに反対する立場からの論議がある．その論旨は，これらの改正の論点が専ら事業用借地権の利用の立場からのもので，土地の有効利用の側面からの偏ったものであり，借地借家制度の本質論からの検討が不足しているということである．さらに，これらについても，立法趣旨を踏まえた検討の必要性を訴えている．

借家権の課題

借家（権）についても，同様に課題を抱えている．わが国の借家は欧米諸国に比べて劣悪で，その原因は，正当事由制度によって借家権が保護されているからだといわれる．つまり，正当の事由によって借家権が保障され，賃貸借の期間が満了しても更新も儘ならない．さらに賃料も抑制されたのでは，貸主にとって新規貸家の供給を手控えさせることになる．貸家の劣悪な居住環

境も，よってしかるべものとされてきた．

このために，議員立法による良質な賃貸住宅の供給に関する法制度（平成11年）では，定期借家（権）が導入され期間満了による借家契約の終了が図られている．さらに，改正の附則規定により施行後4年を目途として，居住用建物の賃貸借の在り方について見直しを行い必要な措置を講ずることになっている．

借家の現状の改善には，良質な住宅のストックと住宅困窮者の居住の確保を両立させることが必要である．そのためには，市場重視の施策を取入れた住宅の流通をベースに，住宅と福祉の連携や地域の実情を踏まえたきめ細かな対応が大切となる．さらには成果指標を設けて，耐震基準への適合やリフォーム，既存住宅の流通，最低居住面積水準への誘導等が図られねばならない．

定期借家制度が普及しないのは仕組みが悪いからともいわれているが，前述の見直しの附則規定もあって検討がされている．これらを挙げると，次のようになる．

① 賃貸人の説明義務の廃止

　定期借家契約に際し，契約の更新がなく期間満了によって建物賃貸借が終了する旨の文書による説明義務の規定（法38条）

② 普通借家から定期借家への切り替え

　居住用建物の賃貸借について，当分の間，普通借家を合意解約して定期借家に切り替えることを禁止する規定（11年改正附則3条）

③ 中途解約権の任意規定化

　200㎡未満の居住用建物賃貸借について，転勤・療養その他の事情によって賃借人が建物を使用することが困難となったときは，賃借人は定期借家契約を中途解約することができるとされている（法38条5項）．この規定は強行規定なので，当事者の合意では適用を排除することはできない．

正当事由制度の検討

ところで，以上に述べた定期借家権に関する見直しの検討内容は，平成16年3月に閣議決定されている「規制改革・民間解放推進3か年計画」及び定期借家推進協議会の提言に基づくものである．さらに「3か年計画」では，正当事由制度の見直しもするという．見直しの方途とされるものは，正当事由の要件を，①建物の使用目的，建替えや再開発，付近の土地の利用状況の変化等に反映させる．②賃貸人からの立退料の位置付けや在り方を検討する，ことである．

正当事由制度は，これまでの判例で確立され平成3年の借地借家法に取り入れられたもので，賃貸人と賃借人の利益を比較考量して正当の事由の存否を判断する，いわゆる「利益比較の原則」である．しかし，この利益比較の原則も借家人保護のための解釈を超えて，双方の利益を考慮することを条文化したものとされている．

借地借家契約に限らず，契約には継続性の思想が規範意識として存在するといわれる．また民法でも，借家権の譲渡や借家の転貸には信頼関係が重視され，信頼関係の破壊がない場合は契約解除は認めない．つまり，正当事由制度は，契約関係における独自の民法原理になっているという．

立退料を支払えば正当の事由がなくとも更新を拒絶できるということについては，問題がある．立退料は，従来の判例では正当事由を補完するものとして認められてきたものであり，法律上の正当事由を補完するものである．立退料が独り歩きするのではないかという危惧がある．

諸外国における定期借地・借家

ここでわが国との比較において，諸外国における定期借地借家制度の実態をみることにする．まず，「借家の中途解約を認めないこと」について，ドイツでは残存期間についての後継賃借人を賃借人が見つけ出して，借家契約を承継させるという慣行があるという．さらに，1960年に借家権の存続規定

を廃止した際に，賃貸人のすべての事情を考慮しても，借家関係の終了が正当化されないときは，異議を述べて，借家関係の終了による苛酷から救済している．また，定期借地借家制度のモデルとなったアメリカのリース・ホールドは，時間的な所有権とされ，譲渡及び担保にできる権利であるとされる．

次に，ドイツでの「正当の事由」については，解約通知をする賃貸人の正当事由には，①賃借人の義務違反，②自己使用，③不動産の適切な経済的利用が妨げられる，の場合が法定されている．法律には，正当の利益の存否は賃貸人の事情しか規定されていない．しかし苛酷条項を設けており，賃貸借の終了が賃借人にとって苛酷となる場合には，正当な利益は存在しなかったとみなされる．これは，実質的に「利益比較の原則」が定められていることになる．なお③の事由には，建替えも正当の利益に含まれるとされるが，それが適切な経済的利用であるかどうかは，公共の福祉の要素を考慮して賃借人の居住に対する利益が優先されるとされている．このことは，わが国の法律においても，公共の福祉は所有権を内在的に制限をするものであることを明確にしている．

さらに，建替えに関して付け加えれば，耐震性の乏しい建物や修繕，土地の高度利用のための建替えの必要性が正当事由になるかということがある．これは，私人間の利害を調整する借地借家法に対する土地利用計画などの公的制度の役割とされる．建替えの必要性を正当事由とするならば，従前の借家人は新築された建物に従前と同様の賃借条件で再入居させるべきである．

リースホールドとフリーホールド

定期借地権の実際の見本とされるのに，イギリスにおけるリースホールド（賃貸土地保有権）がある．地主が土地を賃貸借に出して，借地人から地代を取るという仕組みはわが国と同様だが，住宅本体に注力するか，或いは住居環境に重点を置くかの結果に違いがある．

表6 土地保有権と土地利用権の比較

項　目	イギリス		日　本	
	フリーホールド	リースホールド	借　地　権	定期借地権
期間の定め	あり	あり	あり	あり
期間の更新	あり	あり	あり	なし
建物所有権	あり	あり	あり	あり
建物買取り	なし	なし	あり	あり
建物の撤去	なし	なし	あり	あり

　イギリスの定期借地権は100年単位での賃貸借で，資産価値が残る建物が建ったままの状態で返還される．地主はこの建物を含む土地を再びリースして，当初の10倍近いリース料を手に入れることができるという．したがって，恒久的に優れた居住環境を維持し開発を集積させることは地代の上昇につながることで，地主は安定した収入を手にするシステムとなっている．

　一方，アメリカの住宅開発における土地は，基本的にはフリーホールド（自由土地保有権）である．住宅購入者が，転売による開発利益を手に入れるというものである．このことは，サブプライムローン問題で住宅融資機関の経営を悪化させ，世界経済減退の元凶とされていることでもある．フリーホールドは，開発事業者にとって開発費用をより容易に回収できるという点もあるが，新大陸であるアメリカにはイギリス並の大地主が存在しなかったことも理由と考えられる．

　住宅と環境を維持し，将来にわたって需要者の魅力を継続するには，資産価値を持続させる開発と管理が求められる．これらを満足させる方法として，アメリカでもイギリスでのリースホールドのやり方を踏襲していることになる．わが国でも，リースホールドによる住宅開発が行われているが，イギリスやアメリカと異なる形態となっている．概ねの開発業者や住宅会社は，土地の暫定利用（定期借地）と住宅の売却（住宅ロー

ン) を組み合わせ，消費者の購買力の範囲に抑えた住宅販売方式をとる．しかも，借地の更地返還を前提としたもので，欧米にみられる恒久的な住宅地の建設や資産の形成といった思想は見当たらない．

韓国での対応　アジアでの事例を考える．まず，韓国の住宅事情であるが，わが国の住宅余りと異なって住宅不足は深刻な社会問題の1つとなっている．非持家の比率は43%でわが国と類似しているが，その実態には違いがある．持家ができずに，他人所有の住宅を賃借する世帯が減少していないという事情が続いているという．

韓国の民法では，従来から慣行により行われてきた伝貰（ちょんせ）を物権である伝貰権とし，月貰（うぉるせ）を債権である賃借権とした (1960年1月施行)．慣行上の伝貰は主に住宅用建物，月貰は営業用建物の貸借方法として利用されてきた．伝貰とは，伝貰金 (権利金) を支払い建物を占有使用させるもので，家賃と伝貰金の利息とを相殺する賃貸契約である．月貰は，月払いによる家賃の支払いとなる．ここで注意したいのは，伝貰金は家屋の代価の半額ないし7～8割に相当する金額となることである．伝貰なり月貰は，当事者双方の利点と必要性から生まれた制度として理解される．

伝貰権及び賃貸借権である月貰の現行法的な解釈は，わが国と同様な「物権」又は「債権」の解釈だが，伝貰制度には特有の機能がある．伝貰権者は所有者と同様に不動産の排他的使用ができ，伝貰権設定者の同意を得ずに伝貰権を譲渡・担保提供することができる．また，契約消滅時に伝貰金の返還を遅延した場合には，伝貰権者は目的物を競売し伝貰金の優先弁済を受けることができる．

このように伝貰権者にとって有利な制度は，反面，所有者にとっては不利な制度である．そのため，所有者は物権としての伝貰を避けるために，伝貰権登記を回避し，一種の賃貸借である未登記の伝貰を選ぶことになる．さらに，賃借権の登記もその対効力があるから，所有者は賃借

権の登記も回避することになる．結局，賃借人は登記のない債権的な伝貰契約又は賃貸借契約を締結せざるを得ないことになる．ここには，わが国と同様な借地・借家問題が生ずる．

このような問題を解決するため，伝貰又は賃貸借はその登記がなくとも一定の要件を備えたときは，第三者に対して効力が生ずるとする特別法が制定された．すなわち，住宅の賃借権（債権的伝貰を含む）は登記がなくとも，住宅の引渡と住民登録を終えたときは，賃借権の対効力を認める「住宅賃貸借保護法」(1981年法律3379号)が制定された．さらに，営業用建物についても，同様な内容とする「商街建物賃貸借保護法」(2001年法律6542号)が制定されている．なお，賃借権の対効力や存続の保護（住宅は最低限2年），承継及び譲渡・転貸並びに賃料減額請求権については，わが国の民法と同様な規定となっているが，賃貸人の更新拒絶の制限（正当事由制度）や定期借地・借家制度に相当するものはない．したがって，賃貸借に関しては，わが国より不安定な状況に置かれているといえる．

中国での対応

中国では，土地の所有権は国にある．したがって，土地利用には「土地使用権」のみが認められる．土地使用権の取得方法には，「配給」と「分譲」とがある．配給で取得した土地使用権は自己の利用のみに認められ，賃貸や担保などにはできない．これは無償使用方式とも呼ばれる．一方，分譲で取得した土地使用権は，転売，賃貸，担保などに利用できる．これは有償使用方式と呼ばれている．国が土地所有権を持つが，実質的には地方政府が代理として権力行使している．分譲の土地使用権は有期で，住宅70年，工業50年，商業・観光は40年と用途に応じて定められている．なお，この期限を超えた場合には，改めて分譲手続きをしなければならない．

中国の土地制度は，1987年まで「無償・無期限・無流通」の状態で使用されてきたが，土地の有償使用が進められて市場価格が認められるよ

うになった経緯がある．土地市場もそれ以後に形成されるようになったため，現在でも整備の過程にある．したがって，わが国や欧米諸国のように土地市場が成熟している状況にない．土地取引の形式としては，協議，入札，競売の3方式があるが，現在の取引は協議方式が主になっている．

ところで予想外なことだが，地価に関する研究報告によると，中国は人口の多い割りに土地が少ないという．そのため国は，都市を拡大するための農村土地の開発を厳しく規制している．土地の供給量が限られているのに対し，好調が続く経済成長による土地需要が増加しているので，都市の地価上昇は免れないとしている．

しかし，企業が必要とする土地，工場その他のインフラの安定供給は図らなければならないし，豊富な資源と安価な労働力は，生産基地としての魅力と投資機会に恵まれている．ここでは，前述の土地使用権が問題となる．個人又は企業は土地所有権を取得することはできないから，単に，土地使用権の主体となり得るだけである．したがって，土地は商品として流通する「不動産」という概念には含まれないのである．

中国での「土地所有権」は，「土地所有権法律制度」，「土地所有権利」の二層の意義があるとされる．前者は統治階級の土地所有制に関する法律体系であり，土地私有制の明確な否定がその内容となる．後者は民事上の権利としての土地所有権であり，土地を占有，収益，処分する権利を指している．所有権は「土地国家所有権」と「土地集体所有権」の2種類に分かれる．中国憲法にも規定するように，都市部の土地及び法律で定めた土地は前者に，それ以外の農村，郊外の土地は後者の対象となる．

「土地使用権」は，単位（企業等）や個人が法律（民法及び土地管理法）の許す範囲で，国有土地，集体所有土地を占有，使用，収益する権利である．土地使用権の有償譲渡（転譲）に関する最初の規程に，1980年の合弁企業の建設用地に関する規定がある．その後，国務院（政府）は土地使

用権の有償譲渡を認める政策を打ち出し，天津・上海・広州・深圳の4大都市の国有土地で同意した．さらに，土地使用権に商品としての価値が認められたことから，「抵押権（抵当権）」を設定することも認められるようになった．このようにして，土地使用権は次第に物権に傾斜しつつあるが，わが国とは異なる「物権」概念であるといわざるを得ない．

最近になって，農地の集約や大規模営農のために農地使用権の売買を認める動きがある．現行では農地は村単位の共有で使用権は農民にあるが，都市部の土地と異なり使用権の売買は認めていない．しかし，08年10月開催の中央委員会（三中全会）において，「土地使用権」の売買を認めることを採択している．

一方，内陸部の直轄市の重慶では，初めての農村土地取引所を開設した．農地を商業地などに転換できる「農地転換権」（地票）を市政府が認定して，売買できるようにした．中国では農地転換を容易に認めていない．しかし，農村部の工業用地や住宅地を農地に転換すれば，同面積を商業地などに転換できる農地転換を認めるということである．

以上に中国における借地に関する法制度をみたが，結論すれば，わが国の不動産貸借制度と異なるため比較検討には至らないのが現状と考える．

第Ⅲ章 「定借」の評価

　この章では，「定借」利用者のアンケートに見られる評価を分析して，定期借地権及び定期借家権の存在の意義を確かめることとする．さらに，これらの評価の対象となる「定借」を巡る環境，すなわち，「定借」を導入するための基盤となる市場の存在及び賃料を含む不動産投資やファイナンスの実態にも触れ，事業としての「定借」環境の検証をも試みたい．

1　定期借地

　定期借地の普及実態については各機関で調査が実施されているが，ここでは「全国定期借地権付住宅の供給実績調査」（定期借地権普及促進調査会・08年）に基づく分析を行った．

供給実績　まず供給実績調査では，それぞれ供給実績のある事業者約600社（回答率46%）を対象としている．定期借地権付住宅の05年の累計は約55,000戸で，うち持家が92%，賃貸住宅は8%となっている．建て方別では，持家の66%が戸建て（定借持家）で，残りは共同住宅である．賃貸住宅は，すべてが共同住宅（賃貸マンション）である．調査では，年間約5,000戸の供給があるとしている．

　定期借地で毎年供給される戸数は，05年は前年より増加したが，定借持家では01年の約6,000戸をピークに毎年減少している．その原因として，土地所有者が定期借地権より有利な「賃貸住宅による土地活用」や企業のオフバランスや減損会計の導入による「土地の長期保有（定期借地権設定）よりも売却」を選択したことなどが挙げられる．さらには，

従来,大量に供給してきた都市再生機構の激減が指摘されている.定借持家の供給状況では,三大都市圏で全体の約83%を占め,うち首都圏が38%と最も多い.

借地権の種類からみると,一般定期借地権が殆どで,建物譲渡特約付借地権は1%程度である(49団地・約400戸).権利の種類では,定期借地権付住宅では賃借権が70%,地上権が30%となっているが,定借持家の87%が賃借権で,分譲マンションは60%が地上権である.このことは,定借持家の土地所有者が個人地主で権利の強い地上権を嫌い,また地上権を付した土地の物納を認めない税制も理由となっているものと思われる.一方,分譲マンションの土地所有者は主に法人であり,物権として登記されることもあって,地上権が多いと考えられる.

定借持家の実態

定借持家,つまり一戸建てを指すが,これの実態をみる.敷地規模は平均で約230㎡(約70坪)で,200㎡(約60坪)以上のものが58%となっている.地域別では,その他地域(大都市圏を除く)が250㎡と最も広く,次いで中部圏,近畿圏,首都圏の順となっている.首都圏では平均で211㎡となっている.住宅規模は,平均で約130㎡(約40坪)である.

借地期間は50年が60%で,平均すると50年11か月となっており,地域差はない.最長では,首都圏で100年もある.権利では地上権もあるが,殆どは賃借権である.一時金の収授は殆どが保証金(94%)となっているが,保証金と権利金の併用方式や数少ないが前払い賃料方式もみられる.保証金の額は平均で約500万円で,250万円~1,000万円が68%を占めている.地域別では,首都圏が平均で821万円と最も高い.保証金の推移をみると,平成12年をピークに下落の傾向にある.なお,土地価格に対する保証金の割合は,平均すると18%である.

賃料(地代)をみると,月額平均で2.8万円となっている.2~3万円が半数に近い47%を占める.地域別では,近畿圏が最も高く次いで首都

圏となるが，月額3.1万円となっている．賃料の推移では，00年に上昇したが下降傾向にある．なお，別の調査（「不動産投資家調査」）によると，投資家の期待するキャップレート（総合還元利回り）は，賃貸住宅では6〜7％台とみている．

定借住宅で関心とされる住宅価格は，平均で約2,500万円である．敷地規模を修正して周辺の土地付き分譲住宅と比較すると，約6割の価格（注）で取得できる．

(注) ｛周辺戸建て分譲価格×(定借住宅敷地面積÷周辺戸建て住宅敷地面積)｝

事業者調査

ここでは，賃貸住宅（定借賃貸マンション・アパート）を対象とする．事業者にとって賃貸住宅経営の重要な動機は，言うまでもなく利潤の獲得である．次は，アンケート調査による事業者の意識をまとめたものである．

① 賃貸住宅の供給は個人地主が殆どで，借地による事業は民間企業が行う．借地の場合は，ハウスメーカーなどが定期借地権を用いた事業とする．

② 土地所有者（個人地主）は，自己の直接運用より定期借地として貸し出す方がリスクを回避できる．

③ 事業者は，土地購入がないため投資の節減が図れる．キャッシュフローが有利になり，利益に貢献する．また土地所有者は，安定した収入が確保できる．

公的主体による供給

地方公共団体や住宅供給公社・土地開発公社・都市再生機構なども，定期借地の供給実績がある．調査対象は約3,500団体（回答率35％）である．これら公的主体による定期借地権の設定は，好立地で比較的規模が大きい．これまでの実績は，05年で約1,000件あり，約170団体で行っている．これにより供給された住宅は約11,000戸あり，住宅以外では事業施設（業

務施設・工場）など約500件となっている．05年も277件，1,801戸の住宅を供給して，大いに「定借」を推進している．

公的主体の取組みには，公有地の活用や公共・公益施設の整備などの事情があるが，総じて「定借」を活用しやすい立場にある．低未利用地の活用，まちづくりからの要請もあるが，近年では財政の補填の意味合いも強い．

公的主体の「定借」には，貸付ける場合と借用する場合がある．05年の貸付件数は150団体，946件で，一方，借用件数は30団体，43件となっている．貸付での借地権の種類は，一般定期借地権が49％，建物譲渡特約付借地権が1％，事業用借地権が50％である．用途では，住宅が46％となっている．借用での用途をみると，住宅以外の事業施設が65％と高い比率を占めている．

貸付での住宅以外の活用状況（512件・54％）では，複数の用途もあるが，小売施設が48％，次いで工場が28％となっている．敷地規模は平均で約17,000㎡であるが，用途別では小売施設が最も広く約21,000㎡である．

公的主体の意向では，定期借地情報や定借事例の不足が「定借」に取り組めないことの課題としているが，如何なものか．お役所仕事ではなく，民間ベースによる取組みが必要なのではないか．それはともかく，今後，公的主体による定期借地権の活用は増加するものと見込まれる．

定借住宅の二次流通

「定期借地権付住宅の二次流通（中古）調査」（国土交通省指定の全国4団体）をみると，05年までの流通件数は745戸で，うち戸建てが40％，残りはマンションの60％である．05年の中古定借住宅の流通戸数は約200戸で，定借持家の総数の0.4％にしか達していない．物件としては，戸建てが築7～8年，マンションでは築6～7年が多い．成約に要する期間は比較的短く，半年程度で取引されている．

売却理由には，家族構成の変化や所有権物件の購入が挙げられているが，取得時の価額と比較すると，戸建ては約4割減，マンションが約2割減となって，住宅の種別による低落の差がある．これには，単に建物価値だけでなく，物件の立地や住居環境が影響する結果となっている．

　二次流通（中古）にも課題がある．アンケート調査では，①保証金査定マニュアルの設定（事例が少ないので査定に苦労する.），②中古住宅ローンの充実（中古住宅にも手厚い融資を望む.），③媒介報酬の増額（高度な知識と煩雑なわりに賃貸に比べて報酬が割安である.）などが挙げられている．

2 定期借家

 続いて,定期借家についてみる.ここでは,07年3月に国土交通省が行ったアンケート調査結果を中心に分析し,これに03年9月の調査結果も加味して比較を試みた.調査は,事業者向けに5,100社(回収率25%)を対象としている.

事業者調査 まず,事業者(賃貸住宅の仲介・管理・経営)における定期借家制度の認知及び活用状況は,93%(03年)→99%(07年),契約実績も33%→55%と向上している.だが,この制度を活用しないとする理由に,「賃借人とって魅力がない.普通借家契約で不都合がない.」とするものが90%を超えていることを注視したい.さらに,05年の新規契約件数に占める普通借家と定期借家の契約割合をみると,定期契約は5%に過ぎない.しかも,借家物件の間取りでみると,3DK以上の戸建住宅は93%であるに対して共同住宅は24%と,依然として貸家の床面積狭小の課題を引きずっている.

 契約期間は,戸建て住宅が2～3年(51%)と最も多く,5年以上も28%となっている.一方で共同住宅は2年が圧倒的に多く,63%→40%と前回調査を下回る傾向がみられる.

 家賃をみると,定期借家は普通借家に比べて同程度か安い方が62%→82%に上昇している.なお,契約の締結にあたつて一時金の授受が42%→53%と上昇している.

 また,定期借家制度で定められている事項については,次のような意向を持っている.(07年調査)

① 書面による説明義務 – 負担となっている (55%)

② 契約満了の通知義務 – 廃止すべき (31%)・存続すべき (49%)

③ 普通借家から定期借家への切り替え – 切替えを認めるべき (68%)

④ 賃借人の中途解約権 – 廃止すべき (24%)・存続すべき (57%)

と前回調査に比べ，事業者の負担の軽減や制度運用の緩和を求める傾向にある．

家主調査　家主向けの調査件数は3,000人（回収率17%）である．定期借家制度の認知は，75%→89%と周知が進んでいるが，契約締結実績は26%と低調である．この制度を活用しないとした家主33%のうち，複数回答だが「複雑で理解するのが難しい．契約手続が繁雑」としたのが69%，さらに，「これまでの契約内容で不都合がない．」が，32%と高い数値を示している．家賃に関しては，52%が下げても構わないとしている．

定期借家制度で定められている事項のうち，説明や通知義務の廃止を求めるもの60%，定期借家への切り替えや中途解約の容認を求めるものが70%となっている．

入居者調査　入居者向けの調査件数は3,000人（回収率12）である．定期借家制度の認知は75%と高く，前回調査から8ポイント増えている．

ここで興味深いことだが，制度の「内容を知っている」と答えた125人が「知らなかった内容」とするものを次に示す．(07年調査・複数回答)

① 法施行前の普通借家が定期借家に切り替えられないこと (47%)
② 借家人に中途解約権があること (29%)
③ 借家人への契約満了の事前通知があること (26%)
④ 期間満了により更新がなく終了すること (24%)
⑤ 家主は契約書とは別に書面よる説明義務があること (24%)
⑥ 書面により契約を締結する必要があること (14%)

賃貸借契約の内容をみると，定期借家の契約期間は最大で10年，最小が1年で平均期間は約2年6か月となっている．これに対して，普通借

家はそれぞれ13年，6か月で，平均期間は約2年4か月と前回調査と変わらない．権利金・礼金の有無では，それぞれ50％，87％となっている．

　定期借家にした理由は，家賃が安いことや気に入った物件であることである．なお，定期借家契約の不明な点や疑問点には，期間満了後の再契約や普通借家契約との違い，制度の複雑さを挙げている．

3 定期借地・借家を巡る環境

　これまで「定借」に関するアンケート調査を資料に，事業者，家主及び入居者の意向を検証したが，これは，いわばミクロ的分析となる．ここでは「定借」を不動産市場或いは不動産投資の側面から捉えて，マクロ的分析を試みたい．

借地と借家の市場

　先に住宅法制や住宅の実態について述べたが，住宅を考える場合に持家か貸家（借家）かということと，需要者（消費者）と供給者（生産者）がそれぞれどのような行動するかということを重ねて分析することが必要となる．借地・借家論争は主に賃貸を前提とした論議となっているが，住宅政策としては持家か貸家のどちらを重視するのか，或いは双方かを選択することになる．これまでの住宅基本法や借地借家法の趣旨，内容からみたところでは，いささか持家に傾斜した傾向にあると考えられる．

　しかし，景気減速の経済下にあっても，GDP（国内総生産）で公共投資にほぼ匹敵する構成比（3.7%・名目・07年）となる住宅投資は内需拡大の重要な鍵であり，その存在感を示している．貸家の供給は，建築費と賃料との相関関係となる．また，借地の供給は土地価額と地代収入の経済的比較によって選択されることになる．

　「定借」が普及しない大きな理由は，地主が地代収入よりも土地の売却利益を選好することにあると考えられる．持家にしても需要者の選択もあるが，政策的な優遇策が果たす役割を見逃せない．不動産市場として売買市場と賃貸市場が存在するが，取引所機能の形態を持つものではない．それらは，街で仲介をする不動産屋であり，住宅・不動産会社やインターネットによるオークション等である．そして，これらの売買や賃貸のそれぞれの市場で成り立つ価格や賃料は，必ずしも均衡したもの

とは限らない.

住宅供給の実際

実際に,住宅の供給がどのように行われるかを見てみる.まず,事業者は住宅用地の仕入価格の交渉に始まることになる.そして,これに建築費と利益を上乗せして分譲価額が決まる.この際に,事業者は分譲とするか賃貸にするかを検討するが,ファミリー用は賃貸では採算が取れない場合が多い.これは現在の賃料相場だと,収入の制約による限界が生じるからである.したがって,事業的には分譲住宅となる.

一方で需要者は,賃貸物件の多少や住宅の質を考え,或いは賃料とローン支払いとの比較をした結果,持家志向の強さから分譲住宅を選ぶことになる.結局のところ,賃貸で単身者向けか高級賃貸住宅でなければ,事業は成り立たないことになる.このことは住宅政策にも関わることだが,民間による住宅供給の難しさを示している.

借家については,今後とも貸主・借主のニューズによる契約期間,賃料改定事項など多様な契約形態が予想される.特に,賃料(継続賃料を含む)が問題になる.戸建て借家住宅の契約期間が平均で2〜3年ということであるから,常に家賃のことが気にかかる.ちなみに,アメリカにおいては契約期間が5年〜15年位で,概ね5年毎に賃料を1割程度増額することが標準であるといわれている.

賃料ついては,再契約に関する特約や中途解約事項があり,また一時金の支払いなどの負担増を考えなければならない.賃料の算定にはそれなりの理論構成がなされているが,通常は,いわゆる近傍類似の物件の賃料相場に左右されることになる.継続賃料は,新規賃料と現行賃料の差額を双方で配分することが行われる.これは,配分が折半だったり3分の2だったりと恣意的で,契約にあたり借主を不利な立場に置くことになる.

賃貸ビルの賃料評価

このように，戸建て住宅なり共同住宅の賃料（継続賃料を含む）の算定は，情緒的に行われることが多いが，同じ借家でもビル単位で行われ場合は少々異なる．これらには定期借家と賃料との関係に投資市場の形成という要因が加えられることになるので，若干の考察が必要となる．定期借家は，もともと外資系の投資家から要望のあった制度といわれ，投資（住宅）市場にとっては意味のある制度である．

表7 「不動産鑑定評価基準」における収益還元法の考え方

この手法は，一つの純収益を還元利回りで割って，一度の操作で価格を求める方法である。将来予測に基づく多年度分析の考えを採用するので，算式で表すと次の式となる。結果として，DCF法の算式に一致する。

$$V = \sum_{K=1}^{n} \frac{aK}{(1+r)^K} + \frac{R \cdot P}{(1+r)^n}$$

- V ：収益価格
- aK ：各期の純収益
- r ：割引率（投資利回り）
- $R \cdot P$：復帰価格（売却予測価格 − 売却費用）
- n ：保有期間

【DCF法の算式】

元本は，土地の純収益の変動率と同じ変動率で変動する。（期間収益の現価の総和＋残存価値の現価）

$$V = \frac{a}{r-g}$$

- a：初年度の土地に帰属する純収益
- r：割引率（投資利回り）
- g：純収益の変動率（賃料の変動率に同じ）

まず，賃貸ビル本体の評価であるが，投資用不動産の評価も他の金融商品と同様に，それが生み出す収益にもとづいた物件の価値として求められることになる．すなわち，DCF法（Disconted Cash flow method 割引キャッシュフロー）の採用である．DCF法は，企業評価や債権評価等で広く用いられている手法で，将来生み出される収益の現在価値の総和という不動産鑑定基準における収益還元法の手法である．

この手法は本来，定期借家の評価に馴染むものと期待されるが，正当事由借家（旧借家法及び普通借家権での借家）と定期借家が混在する現状においては，一般として予想収益が読みやすい訳でもない．定期借家制度は今後，検討及び必要な措置が講じられる（借地借家法附則）ことになっているが，事業用の普通借家権については正当事由を見直さないと収益の読みやすさは改善できないと思われる．

また，貸家（借家）及びその敷地は，収益価格を標準として評価されることとされ，積算価格が上限であると説明されているが，積算価格は新規賃料が前提となっているので，評価する前提が異なることに注意が要る．これは同じ水準にある立地でも，建物のグレード，築年数によって賃料に上下があり，積算価格より収益価格の方が高くなる例があることでも分かる．このように賃料の決定には，不動産物件の評価というより，説得力のある分析による賃料の提示ができるかが重要になる．

不動産市場の動向

先にも述べたように住宅投資がGDP（国内総生産）に占める割合は低いが，設備投資と同様に振幅が大きく，経済成長率を左右することになる．事実，このところの住宅着工件数は建築基準法の改正による影響で，実質成長率を押し下げた．ここ9か月連続で減少している住宅着工戸数は，07年は106万戸で，06年の128万戸から2割も減少した水準である．さらに08年も，回復は限定的との予測がされていた．住宅投資は住宅のみに止まらず，関連分野の家具や家電などの耐久消費財の購買に及ぼす影響も見逃

せない．住宅投資市場は，景気の先行きの不透明さや都心部の地価上昇，建築資材の高騰による価格の上昇によって，停滞や縮小に推移するもの思われる．

　住宅投資は，所得以外に税制や金利，地価の動向，人口動態などによっても影響される分野で，投資家には慎重な市場分析と投資利回りの確保が課題となる．「不動産投資家調査結果」(日本不動産研究所・06年)によると，アセット・マネージャー，商業銀行など(99社)からの回答をまとめると，次の4点に集約される．

① 04年調査から継続的に低下していた期待利回り・取引利回りが，オフィスビルは東京の都心部，賃貸住宅は東京を除く全都市，商業店舗ビル等も全般的に底打ちがみられる．
② 不動産への新規の投資意欲は依然として高く，90％を超える投資家が新規投資に積極的である．同時に既存物件の売却意向が増え，ポートフォリオ(株式や金融商品，不動産を組み合わせた運用資産)の入れ替えの傾向がある．
③ オフィス賃料水準に，上昇傾向が示されている．
④ 想定借入金利が，総量規制やゼロ金利政策の解除の公表でも横這いに変化がなかったため，投資のリスクプレミアムは下落した．その背景には，REIT・私募ファンド等による投資用不動産の取得が激化した反面，保留不動産の流動性が高まった．

投資行動の傾向
　　　これらの投資には，投資対象資産の収益性の改善を背景とした市場の拡大，投資採算を示す期待利回りを市場での取引指標となる取引利回りよりも低下させないという慎重な行動がうかがえる．

　これらは，利回りの時系列的な分析によって，投資行動の傾向分析として検証されている．ここでは内容の詳細を省くが，上記の調査では第10回(04年4月)から第15回(06年10月)の調査時点での期待利回り・取引

利回りの低下傾向を取り上げ分析している．各調査回における平均値・標準偏差・回答者数の３つの変数により，変化の度合いを検定する方法が採用されている．

　この調査では期待利回りに底打ちがみられたが，今後どのような投資形態が登場し，社会的に認知されるかが関心事となる．これから予見されるものとして，リバウンドによる利回りの上昇傾向や利回りの横這い傾向，或いは低下傾向の３方向と行方が気になることである．

不動産投資と金融　バブルの崩壊から瞬時的に立ち直りをみせた昨今の不動産投資市場も，サブプライムローン問題（信用力の低い個人向け住宅融資）を契機に，再度の低迷をもたらしている．供給側の期待と需要側の期待を一致させ，リスクを回避しながらの不動産投資が求められる．

　不動産市場は低迷傾向にあるが，不動産投資と金融（資金調達）の関係は見逃せない．市場への影響には，外部要因としてのいわゆる海外マネーの存在が指摘されているが，このところのRIET（不動産投資信託）市場におけるの新規上場の減少や組込み資産価値の減退は，投資と金融の緊密な関係の表れでもある．

　不動産開発のプロジェクトを総括すると，経済が右肩上がりならば投資額を上回る水準で販売することができ，その投資は高い利回りを得ることができる．また，右肩上がりであっても，投資額を上回る水準での販売が期待できないときは，利益が発生せず利回りの低下となる．これが，投資のリスクである．リスクは当然ながら，事業の価値に影響を及ぼすことになり，その価値を上昇するか，或いは価値を維持するための追加投資を必要とすることになる．

　このことは不動産価値の将来予測が難しいことを示すものであるが，金融においてはリスクの評価とそれに対応したヘッジ手法も開発されてきている．具体的には，①金融供給者を事業の企画段階から参加させる

こと，②金融供給者側も事業責任の一部を負うこと，③金融供給者と事業者がリスクの分析・評価して役割分担すること，がある．このリスク低減の方法を集大成したのが，プロジェクト・ファイナンスである．

プロジェクト・ファイナンスは，親会社又は個人の信用でなく，プロジェクト収入のみに基づいて債務の返済を行う形態であり，収入の安定化，費用の役割分担及び出資の優先劣後構造によるリスク減少を図っている．そこで，これらの考えをもとにして，不動産投資のあり方を考えてみる．

プロジェクト・ファイナンス　プロジェクト・ファイナンスの基本的な仕組みは，①不動産の購入や貸付けを目的とする器をつくる(SPV＝信託・SPC(特定目的会社))．②SPVは，金融機関又は投資家から社債・ローンの借入れや出資を受けて，不動産の購入資金を調達する－プロジェクト・ファイナンス．③テナント賃料から社債・ローンへの利払いや出資者への配当をする．最終的には，不動産を売却して債務を返済する．この場合，利払いが優先し，配当や返済が後になる(優先劣後の構造)．

優先劣後の構造

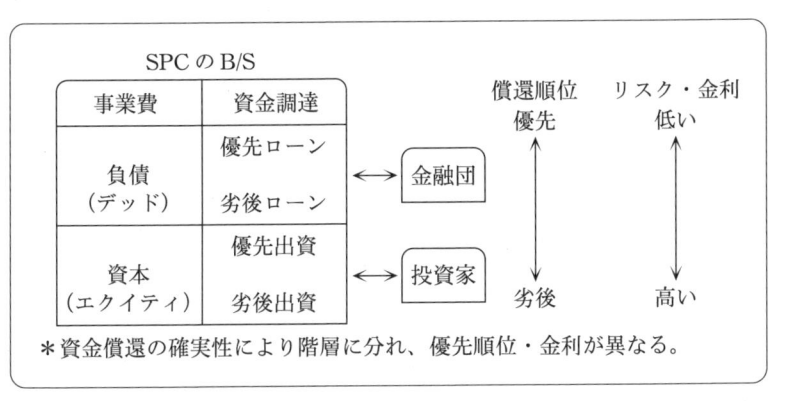

事業費	資金調達		償還順位	リスク・金利
負債（デッド）	優先ローン	↔ 金融団	優先	低い
	劣後ローン			
資本（エクイティ）	優先出資	↔ 投資家	劣後	高い
	劣後出資			

SPCのB/S

＊資金償還の確実性により階層に分れ、優先順位・金利が異なる。

プロジェクト・ファイナンスにおけるリスクへの対応の第一は，収入の安定化である．プロジェクト・ファイナンスが，総収入を総事業費と同額以上にすることを前提とするので，収入を安定することが課題となる．「収入を安定させる」と言うことは，「収入を多く」と言うことと同意義ではない．言い換えれば，安定化していればハイリターンである必要はない．これには，商品の安定性と販売先の安定性の2つの要素があり，サービス型PFI（民間資本による公共施設の整備）が例に挙げられる．

　収入面ではその安定化がキーワードとなるが，費用の面でも考慮すべき事項がある．費用の役割分担である．費用には，当初より想定される費用と想定されない費用がある．後者が，リスクである．ここで考慮されるものは参加する各事業主体が，プロジェクトにおける得意とする分野を分担するという発想である．そのことによって，全体のコストやリスクを小さくすることができる．

　出資の優先劣後関係は，資金調達に関するリスクの回避である．資金借入れは，金融機関にとっては金利収入しか見込めないローリスク・ローリターン商品であるため，元本が毀損されない状態でないと調達ができない．借入れが期待できない部分は，出資金で賄うことになる．つまり，ハイリスクであっても，それに見合うハイリターンがあれば調達は可能となる．注目される資金調達に，出資金と借入金の中間にあるメザニン（劣後ローン又は優先株）がある．劣後ローンは一般のローンよりも返済の順位が劣るが，その分リスクプレミアムが金利に上乗せされている．優先株は議決権がないが普通株よりも優先して配当が受けられる．このように複数の金融商品に分解することで，リスクとリターンの関係を多様化することで資金調達を容易にするのが優先劣後関係である．現在では，普通株・優先株・社債・借入金に区分するプロジェクトも登場している．

第Ⅲ章 「定借」の評価

不動産流動化と金融商品化

不動産の証券化により不動産と金融が融合して，新たな市場が形成されている．滞留していた資産が動くことでバブル後の不動産価値が回復し，さらに金融化された新しい価値が創造される．不動産証券化（金融化）は，不動産の収益を裏付けに証券が発行される．所有者（事業者）には資金調達の手段となり，投資家にとっては利回りの優先確保とともにリスクを細分化できる手法である．これらは付随的に，企業のオフバランス（バランスシートから不動産資産を切り離す）ともなり，会計手法上（損金会計）にも貢献する．

しかし不動産取引と金融取引が融合した結果，いままで不動産界には縁のなかった金融取引の法規制（金融商品取引法）が適用され，管理体制や法令順守義務の強化が求められる．さらには，一般的な金融商品と異なる不動産ならではの個性が問われることになる．不動産投資市場は，企業不動産の今後の利用動向に影響を受けることになるが，REIT（不動産投資信託）に加え，不動産投資のリスクヘッジのためにデリバティブ（金融派生商品）も検討されている．

わが国での不動産流動化（金融商品化）に関する主な制度導入を一覧すると，次頁のようになる．

このように一連の不動産流動化及び金融商品化には，日本版SPC（特定目的会社）の登場を促し，不動産投資顧問業によるPM（プロパティマネジメント）やAM（アセットマネジメント）を認めその育成を図っている．日本版REIT市場を創設する一方で，その運用と規制も行っている．投資信託協会によるディスクロージャーの自主規制，投資用不動産へのDCF（割引キャッシュフロー）を導入した「不動産鑑定基準」の改正なども行われた．また，金融機関以外からの信託業への参入を可能とする信託業法の改正，証券取引法や金融商品取引法では情報開示や説明義務を課すなどの投資者保護も徹底させている．

REIT の実態

　日本の不動産投資信託（J-REIT）も，08年4月から海外不動産の組み入れが解禁になった．海外投資環境の見極めや不動産鑑定評価のガイドラインの策定も必要である．この鑑定評価指針では，鑑定の最終責任を日本人の不動産鑑定士が担う仕組みとされ，現地調査も義務づけるとしている．海外投資が解禁になれば投資対象が多様になり，価格変動のリスクを分散できるためREITが安定的に収益を出しやすくなる利点がある．ただ，海外投資は，為替変動や現地の不動産市場の動向などのリスクも大きくなる．

　日本のREITを世界との比較でみると，国際的な経済規模からみて相対的に劣っているのが現状である．まず，世界のREITは17市場，時価総額では130兆円を超える規模となっている．07年時点の地域別でみると，米国・カナダ（220銘柄・約50兆円），オーストラリア（67銘柄・約12兆円），欧州（70銘柄・約9兆円），アジア（87銘柄・約63兆円）及びその他としてイスラム圏がある．このうち，日本は39銘柄・約4兆円である．国内では優良物件の取得競争が激化する中で新規投資が難しくなってきている．米国やオーストラリアなどではREITによる海外投資が活発である．「成長の源泉は海外にある」として，保有資産に占める海外物件の比率

表8　REIT の関係法

- ・「特定目的会社による特定資産の流動化に関する法律」（SPC法）1998年施行
- ・「資産の流動化に関する法律」（改正SPC法）2000年施行
- ・「不動産投資顧問業登録規定」2000年施行
- ・「東証によるJ-REIT上場基準規定」2001年施行
- ・「不動産投資信託及び不動産投資法人に関する規則」2001年施行
- ・「不動産鑑定基準」改正2003年施行
- ・「信託業法」改正2004年施行
- ・「証券取引法」改正2004年施行
- ・「金融商品取引法」2007年施行

を高めている．

　不動産ブームを支えてきたJ-REITの拡大にも，変化が起きている．サブプライムローン問題で，07年6月以降，J-REITの価格が大きく低下し，保有資産を売却する動きが広がっている．世界的な信用収縮で資金調達が難しくなる中での，投資家への分配金の原資を確保するための資産売却が続いているという．相場の低迷で増資による資金調達が困難になり，金融機関も不動産融資を選別していることで，物件売却件数は前年同期の2.4倍にも達している．

　REITの特性として，市況の悪化局面では不動産価値の下落懸念から有利な価格での物件の取得が可能だが，現在は，収益の上昇より金利負担によるコスト上昇の方が上回っている．REITの不動産投資には，必要な利回りがあることが重要なことだが，相場低迷による株価の影響もあって拡大を続けてきたREIT市場は曲がり角を迎えている．

　ここにきてJ-REITには，もともと構造上の課題とされたものが浮かび上がっている．日本では導入時に投資信託の仕組みを踏襲して，物件保有と運用を別にした．投資法人（REIT）と運用会社が並立する外部運用のことである．REITと運用会社には，それぞれに投資家である株主とスポンサーである株主がいる．資金調達を融資でなくREITの増資で賄うと，投資家が受け取る分配金が減少する構図が生ずる．1口当たりの純資産を下回る「ディスカウント増資」となると，取得した物件の利回り（賃料収入を取得価格で割った値）が既存物件より低くなるからだ．投資家からみれば，「無理な増資でスポンサーから割高な物件を買う」ということで，批判がでることになる．そのため，日本の制度も米国などの物件保有と運用をREITが兼務する内部運用方式に近づけようとの議論がある．

　REITの機能面からの問題もある．財務基盤の弱さからの資金繰り面のもろさが露呈している．財務基盤の弱さは，内部留保の薄さが要因とされる．REITは期間利益の9割強を投資家に分配するため，事業会社

に比べて内部留保が難しいことが背景にある．したがって，増資資金を物件の取得に使わず温存する例がある．資金の調達が一段と厳しい環境での運用資金の確保である．08年の国内に上場するREIT41銘柄の調達融資と社債を合わせたの負債残高は約3兆5,000億円，うち1兆円強が09年中に返済・償還期日を迎える見通しで，資金繰り悪化の懸念がある．さらに，この金融危機に際し，REITの再編や市場からの撤退の可能性が浮上している．

　このような信用不安がくすぶるREITの支援策として，政府の関係機関が最大50兆円の株式等を市場から買う危機対応措置が「追加経済対策」に盛り込まれた．買取り対象を優先株・投資信託に加えREITも含まれている．

第Ⅳ章　これからの「定借」の方向

　最終章では，これまで述べた定期借地権及び定期借家（権）の意図や位置付け，実態やその評価に表れたものが，どのような社会・経済的基盤のもとで醸成されてきたのかを考証する．また，「定借」制度の硬直性を柔軟に活用する方途や仕組み・技法は，どのように解釈され，展開されているのかを探る．加えて，賃貸借の意識を転換する「定借」の合理性がどこまで社会に受け入れられ，普及が可能なのか．そのための「定借」のあり方はどうあらねばならないか．それらの分析を試みる．

1　「定借」の底辺をさぐる

借地関係の変化

　借地の普及には壁がある．借地の普及を拒んでいるのは，地主が土地を貸さないことに起因している．法律では返還されるといっても必ず守られるという保証がないので，地主の不信感は拭いされていない．土地は"貸したら返って来ない"という地主の根強い心情が未だに残っている事情がある．本書の書出しで土地白書の記述に触れたが，土地利用をめぐる誤解は払拭されていないのが現実である．

　土地所有の観念としての日本的な特徴として，土地と建物を別個としていることである．土地と建物が別個の不動産となった結果，土地とその上の建物の所有者が同一でなくともよいことになった．それで，借地上で建物を所有することが可能となった．民法上は対価を払って土地を利用する権利として，地上権及び賃借権を定めているが，当時の立法者は農地は賃借権，宅地は地上権によって行うものと割り切っていたよう

である．

　明治・大正にかけて東京始め大都市に人口が集中して，住宅需要が急増し，借地の市場が急速に変化する結果となった．当時は《家作持ち》といわれたが，借地をして貸家とする住宅経営が展開された．ところで住宅経営といっても，甚だ保護の弱い賃借権をもって建物を所有しなければならなかった訳で，これらについての紛争が多発した．これに対処するために「建物保護法」が作られることになる．

　大正10年(1921年)に制定された借地法は，建物所有のための土地利用の点では大変重要な法律だった．というのは，借地の存続期間を強行規定によって保護されたことである．木造建物でも，最低20年の存続期間を認め，これを下回る期間を定めても無効とした．さらに戦時の緊急事態に即応する形で，昭和16年(1941年)には借家法とともに，いわゆる「正当の事由」の要件が加えられた．

　この法定要件は，当時の土地事情からすれば借地人にとって有利となるが，地主の立場からみれば過酷な条件となって，やがては「立退き料」の慣行を生むことになる．そして，立退き料の目安として借地権割合なるものが援用されることにもなり，現在もその料率が一人歩きしている．この地主対借地人の相剋によって土地の有効活用を阻害する様相が激しくなり，平成3年に現行の「借地借家法」が制定されて，旧制度による土地利用関係が一新された．

住宅政策の変遷

　第二次大戦の終了直後には，戦災による消失と海外からの引揚者の増加にともない約420万戸の住宅が不足したといわれる．戦後直ちに取られた住宅政策は，まず不足に対する補充から始まった．これに対処するために，住宅金融を行う「住宅金融公庫」，低所得者層に借家を提供する「公営住宅」及び中産層に借家と持家を供給する「住宅公団」の3つの住宅供給制度とその事業体が設立された．さらに住宅の大量供給について，住宅建設計

画法 (昭和41年法律100号) に基づく「住宅5か年計画」が発動されたが, 60年代に始まった高度経済成長のあをりを受けた大都市への人口流入が止まらず, 深刻な住宅不足が続いた.

以来, 住宅政策はこの3本柱によって運営されたが, 大都市の住宅不足は依然改善されずに経過し, 70年代になって政策の効果もあり, すべての都道府県で住宅数が世帯数を上回って「1世帯1住宅」が達成した. この時点で住宅の量的不足は解消した. 第3期5か年計画 (76年) 以降は, 国民が確保すべき「最低居住水準」から西欧先進国並の「平均居住水準」の確保と進展し, 現在の「量から質」への転換を迎えている. これらの変遷過程を年代的にみると, 次表のようになる.

住宅建設計画法は, 8期にわたる住宅5か年計画の目標達成により廃止され住生活基本法 (平成18年法律61号) が制定されているが, 住生活の安定向上を総合的に目指す施策として10年を計画期間とする「全国計画」及び「都道府県計画」が策定されている.

住宅政策を大きく分けると, 国民福祉からの社会政策という面と経済活動という経済政策になると思われる. 社会政策としては, 戦後からの数次の「住宅5か年計画」にみられるように住宅不足に対する供給, 住

表9　住宅政策の変遷

	1945 (S20)	1975 (S50)	2000 (H12)
年代	(S33)1793万戸 1865万世帯	(S45)3106万戸 2965万世帯	(H15)5387万戸 4722万世帯
特徴	住宅不足	住宅余り	居住水準1／2達成
目標	不足の解消へ	量から質へ	ストック重視へ
公営住宅	限度額家賃	応能応益家賃	優良賃貸制度
住宅公団	大規模団地建設	分譲から撤退	民間供給支援
5か年計画	公的資金住宅	居住水準目標	平均住宅水準

(国土交通省「住宅政策の基本法制について」05・11から作成)

宅困窮者，特に低所得者への公営住宅の提供があった．経済政策としては，住宅金融公庫の融資を中心にした持家対策が取られてきた．現在での民間住宅投資は，公共投資に匹敵する GDP（国民総生産）の構成比を占めており，内需拡大の重要な要素として経済成長に寄与している．

住宅の確保　昭和20年（1945年）の終戦から，厳しい戦後始まった．衣食住とも絶対的な不足のうえでの貧困で，辛うじて命を保つ生活が続けられてきた．430万戸ともいわれた罹災住宅のために，「罹災都市応急簡易住宅建設要綱」が公表されたが，徹底的に破壊された国土には建設資材が無かった．住宅営団（当時）は，6.25坪の越冬住宅の大量建設に乗り出したが，回復はたやすいものでものではなかった．終戦から朝鮮戦争（1950～53年）にかけては，とてもまともな住宅が建つ時期ではなかった．

しかし，ようやく一部には回復の兆しもみえてきて，昭和23年（1948年）には建設省（現．国土交通省）が設立された．それまでの日本には，住宅を専管する役所が無かったことになる．建築確認（許可）は内務省が管轄する警察署が，建設業はセメントを使うので商工省の窯業課が担当，といった笑い話のような事実があった．翌24年には「建設業法」が，さらに25年には市街地建築物法に代わる「建築基準法」及び「建築士法」が相次いで制定され，制度面での新しい体制が整備されている．

当時の建設省が試作建設した公営アパート2棟は，戦後の公営・公団住宅の先駆となるもので，日本の建築史・住宅史上に画期的で重要な位置を占めるものである．ともかく衣・食とともに「住」は未だ最低の状態だった．21年の11月11日には，"住宅よこせ大会"が開かれている．

昭和54年（1979年）3月，EC（EUの前身・欧州共同体）の資料『対日経済戦略報告書』に"ウサギ小屋に住む働き中毒の日本人"と書かれたことは，当時のわが国の住宅事情を端的に物語っている．住宅には全国民が苦労したが，特に大都市圏に住む人々は，住むことに対して非常な努力

をしてきた．現在でも，住宅を取得することが人生の目標となって，住宅ローンの返済のために他の支出を切り詰めなければならない状況が続いている．

住宅着工減と価格高騰

ところで住宅ストックや増減をみると，年120万戸台で推移してきた住宅着工件数が低迷している．06年の約128万戸から約2割減の水準となっている．国土交通省が発表した08年の新設住宅着工戸数は104万戸だったが，耐震強度偽装の再発防止のための建築確認審査の強化の影響で，19.4％減となった07年の微増にとどまった．06年までの5年間の平均値で比べると，08年は14％減となる低水準である．持家住宅着工数の低迷に加えて，供給量の引き締めに伴うマンションなどの分譲住宅の着工数の減少も見逃せない．景気の先行き不安や金利先高感の後退などからも，消費者の住宅取得意欲は冷え込んでいる．

一方，首都圏のマンション新規発売戸数は，07年は前年度比18％減の約6万戸と大きく落ち込み，近畿圏も8％減の3万戸弱となって，いずれも14年ぶりの低水準である．建築費や用地取得費の上昇で販売価格が上がり，所得の伸び悩む消費者の買い控えが鮮明になった．08年も販売好調の目安とされる70％を下回り，一段の減少が見込まれる．販売価格の上昇をみると，首都圏では約1割，戸当たりの平均販売価格は4,600円となっている．特に東京23区では平均価格が2割も上昇し6,000万を超え，バブル崩壊後の底値だった01年に比べ3割強も上昇した．

変動する地価

土地価格は，借地・借家にとって絶対的・基本的な要素である．地価の変動は，当然に地代・家賃を始め借地・借家事情に直接に影響を与えることになる．マンション価格の高止まりや高水準のオフィスビル需要を背景に地価の上昇基調が続いている．わが国でも，米国のサブプライムローン問題を契機

に不動産への資金流入が細っているが,投資マネーの存在は否定できない.国際的に未だ信用収縮が解消しないまま,利を求めて瞬時に行き先を変えており,世界景気の攪乱マネーとして各国の実体経済に影響を与え,インフレの圧力を高めている.

地価の指標となる公示価格は,毎年1月1日時点の価格を国土交通省が公表する.7月1日時点の都道府県が発表する基準地価などと並んで不動産取引の目安とされている.公示価格は1992年以降下落基調が続いていたが,07年は全用途で16年ぶりにプラス(前年比1.7%)に転じている.根強いオフィス・住宅需要を背景に三大都市圏で大きく上昇(前年比,商業地10.4%,住宅地4.3%)し,地方中核都市や大都市周辺にも波及した.しかし,09年には3年ぶりの下落となった.

地価上昇で投資利回りが低下し,不動産投資の勢いが鈍って地価の頭打ちになるともいわれる.サブプライムローン問題で,外国人投資家が資金を引き揚げる動きがある.ここにきて,都心部の地価上昇を支えてきた不動産向けのマネー流入が急激に細っている.不動産の買い手となって,オフィス・商業ビルや地価を上昇せたてきたREIT(不動産投資信託)指数も下落に転じ,安値を更新している.

不動産ファンドの動向

金融機関の不動産融資姿勢の変化を受けて,私募ファンドやREITの相場が軒並み下落している.資金調達の難航で物件の取得や販売戦略に影響が広がり,これまで市場拡大が続いてきた不動産ファンドに曲り角がみえる.下方修正の原因は,売却先の不動産ファンドが購入資金を調達できなかったためだ.不良債権処理ビジネスから出発し拡大を続けてきた不動産ファンドも,大きな節目を迎えている.投資マネーの格好の対象とされてきたREITの不動産購入額は,約7兆円にも及ぶといわれる.不動産は,将来あげる収益で評価される金融商品の側面がある.そして,その価格は金融環境と収益性に左右される.

金融環境は，サブプライムローン問題で急変し，金融機関は融資に慎重になった．外資系金融機関は，企業への一般型融資からプロジェクトへの非遡及型融資（ノンリコースローン）に絞って，融資額を減少させている．しかし一方で，将来収益が大幅に悪化する訳でないので，都心では不動産の潜在力を生かす大規模再開発が続いている．したがって，REIT企業の優良物件の取得意欲は根強い．ただ，オフィスでは空室率の上昇やマンションの販売鈍化もみられ，収益性の背景にある経済動向に不透明感がある．

　ここで見逃せないのは，REITなど不動産投資商品の性質の変化である．投資リスクは，株式より低く債券より高いが，値動きが株式より激しい．大幅の元本割れを警戒した個人離れや金融機関が売越しに回っていることもあり，短期的な売買差額を狙う投資家によって価格変動が大きくなったともいわれる．この背景には，外国人投資家や金融機関の動きがある．特に売買金額に占める外国人比率は約60％に達し，その影響が大きい．サブプライムローン問題に絡む換金売りや25％を占める地銀などの金融機関の損切り処置も下落に拍車を掛けた．

　REITは，収益性が債券より大きいが株式より小さい「ミドルリスク・ミドルリターン」の金融商品である．ここでREITを取り上げるのは，REITが20兆円規模の不動産ファンド市場の4割を占めて，不動産価格を形成する要因と考えるからである．不動産ファンドは，まず機関投資家から出資を集め，これに金融機関からの借入金を加えて賃貸用不動産を購入し，これからの賃料収入や不動産の売却益を投資家への配当や利払いに充てる仕組みで，いわゆる「不動産の証券化」である．改正された証券投資信託法（00年）によって解禁されている．

　REITの利回りは長期金利（10年国債）との比較で判断されるが，最近ではREITの利回り上昇と長期金利の低下で拡大している．REITの賃貸収入は基本的には数年先まで決まっていることもあり，各銘柄の配当にほとんど変化はない．このところのREITの投資口価格（株価に相当）

の急落によって，平均予想配当利回りは5％台に上昇している．08年4月現在でのREITの銘柄数は42に達しているが，その運用や財務内容は大きく異なっている．保有物件がオフィス中心か住宅中心か，分配金，負債比率や物件の稼働率によっても利回りに影響することになる．

REITは利益のほぼ全額を分配金に回すことになるため，増資または借入が物件の取得原資となるが，世界的な信用収縮の影響で投資口価格が下落し，増資ができないREITもでている．ピーク時で7兆円あった時価総額は，09年では2兆5,000億円程度になって投資家は損失を被り，REITへの信頼は揺らいでいる．

地価と賃料 借地・借家において賃料収入の多寡を計ることは，資産活用の根本であり，事業化の基礎である．賃料といっても，単に賃貸人の恣意で決まるものでなく，それなりの論理構成がある．先にも述べたが借地・借家の供給は，土地価格と建築費および賃料との関係で決まることになる．これらは収入と支出，或いは売上と原価・費用の関係で，投資収益率となって表れる運用利回りである．地価の算定には，一般に公示価格や基準地価が参考とされるが，これらと「実勢価格」との乖離についても心得ておかなければならない．公示価格は標準地における客観的な市場価格を示し，実勢価格とは定義化が難しいが実際に行われた取引や店頭での価格と思えばよい．その外にも，課税目的で評価される相続税路線価や固定資産税評価額がある．

ところで，「不動産鑑定評価基準」というものがある．この基準は，法令に基づいて不動産鑑定士などが用いる不動産評価方法を定めたもので，原価法・取引事例比較法および収益還元法の3手法が併用される．賃料の算定も，同様にこの方法によっている．地価または賃料の鑑定評価では，市場で形成されるであろう正常な価格を算定する（正常価格または正常賃料）．しかし求められる価格は，必ずしも自由な市場を前提としたものとは限らない．正常価格または正常賃料を原則としながらも，依

頼目的や条件によっては，当該不動産の併合・分割や市場価値との乖離による限定した価格となる（限定価格および限定賃料）．隣接不動産の併合や分割を目的とする賃貸借，既存の賃貸借のいわゆる「継続賃料」がある．

3方式の採用は，鑑定評価にあたって相互に補完する関係にある．不動産価格（経済価値）について，費用性・市場性・収益性の3つの点が考慮されることは一般の物価の判定の場合と同様で，3方式からのアプローチによって価格が決められる根拠とされる（価格の3面性）．

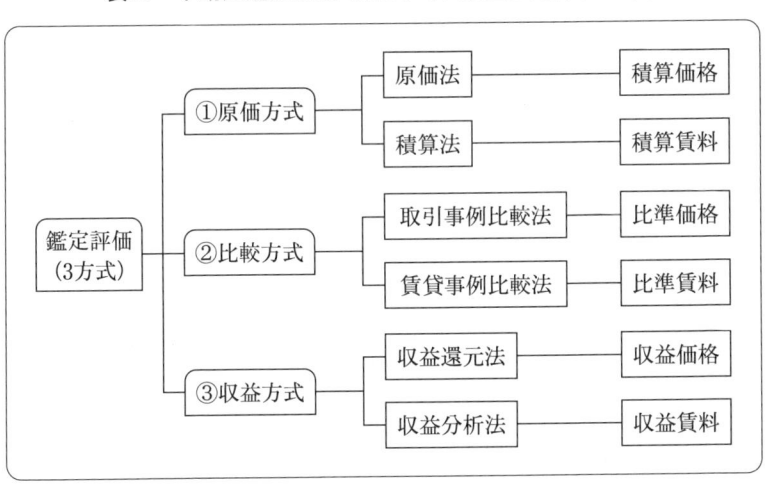

表10　不動産鑑定評価の方式（不動産鑑定評価基準）

鑑定評価（3方式）	方式	手法	求める額
	①原価方式	原価法	積算価格
		積算法	積算賃料
	②比較方式	取引事例比較法	比準価格
		賃貸事例比較法	比準賃料
	③収益方式	収益還元法	収益価格
		収益分析法	収益賃料

実質賃料と支払賃料

賃料は原則として1か月単位（農地は1年）となるが，契約にあたり権利金・敷金・保証金等の一時金が支払われることが通常である．前者を実質賃料といい，後者を含めたものを支払賃料という．したがって，賃料をみるときは実質賃料を考えることになる．なお，慣行上，賃貸マンションや貸ビルなどで光熱水費・清掃費・エレベーター保守費等が，いわゆる付加使用料・共益費の

名目で支払われることがあるが、これらは賃料を構成するものではない。賃料は、実質賃料から一時金の運用益および減価償却額を控除して求めることになるが、一時金には賃料の前払い的性格や賃料滞納等の債務不履行の担保の性格がある。

宅地の正常賃料の算定は、積算賃料・比準賃料および収益賃料を関連づけて得た賃料を標準として決定する。この場合、積算賃料は契約に即応した宅地の価格に期待利回りを乗じた額に必要な諸経費を加える。比準賃料は相似の賃貸借の契約内容を持つ事例に比準させる。また、収益価格は不動産に帰属する純収益を求めて、これに必要経費を加算する。宅地に帰属する純収益を求める場合には、土地残余法（建物等に帰属する純収益を控除して得た額を土地の還元利回りで還元する）を用いる。

宅地での賃貸借継続に係る限定賃料の算定の場合、支払賃料のみの改訂と契約条件の変更による改訂とに区別される。支払賃料のみの改訂の場合は、適正な賃料と実際の支払賃料との差額を加減（実際には土地価格や公租公課の上昇が加算されることが多い）する。また、契約条件の変更による改訂の場合は、変更目的・条件による賃借人の利益相当分が増額されてしかるべきである。

建物及びその敷地の正常賃料の算定は、現状維持を前提に成り立つ経済価値に即応する賃料となる。鑑定評価には、評価の３手法を適用する。賃貸借継続の限定賃料の場合は、宅地の限定賃料の算定方法に準ずることになる。

投資利回りとキャッシュフロー

賃料は収益性・費用性・市場性の３者の相関関係で決まることになるが、特に収益性は不動産の経済価値の本質を形成するものとみられるので重視される。尺度となる収益は、投資利回り及びキャッシュフローよって計量されることになる。この背景には、「収益価格」の普及という市場での価格構造の変化が指摘できる。

表11　投資家の期待するキャップレート（総合還元利回り）

＊総合還元利回り＝投資利回り＋投資対象の流動性＋投資の安全性

オフィス	東京丸の内・大手町 地方中枢・中核都市	5.3% 7〜8.5%
商業施設	都市型専門店ビル 首都圏郊外型量販店	6〜8% 8〜10%
賃貸住宅	都内ワンルームマンション 都内高級賃貸マンション	7% 6%

（(財) 日本不動産研究所「不動産投資家調査」03・4）

表12　LTV（Loan to Value 負債の元本償還指標）と格付け

○シングルアセット不動産案件

AAA	AA	A	BBB	BB
〜37%	〜44%	〜52%	〜62%	〜69%

$$LTV = \frac{負債額}{資産価格(収益価格)}$$

＊債券・資産担保証券（ABS）などの元本、利子の支払いの安全の度合いを「A」「B」「C」といった記号で示したもの。「A」なら債務不履行となるリスクは低い。

（R＆I＝格付投資情報センター）

収益価格は，不動産の評価方法である収益還元法によって求められる価格で，採用するキャップレート（想定投資利回り）とキャッシュフロー（期間内純利益）の予測数値に依存する．キャップレートは，投資金利と比べた不動産の投資利回りの関係となる．例えば，金利２％で借りて６％の投資利回りが得られれば，非常に魅力がある．キャッシュフローは，当該不動産の賃貸で得ることのできる純収益の合計である．

06年から適用されている減損会計制度（資産価値が簿価を下回ったときに，差額を損失に計上する）により，収益価格の概念が固まったといえる．つまりキャッシュフローの向上が不動産の価値に直結するという認識であり，使用価値すなわち収益価値とする．このために，使用価値を高めるリノベーション（改修）やコンバージョン（用途変更）が行われることになる．

　地価上昇の要因で，不動産市場の牽引役ともなっているREITの魅力は，高い配当率である．ところがREITに組み入れられる不動産は，知名度もありキャッシュフローも優れたものに集中することで，REIT価格が高騰してバブルの態様を示すことがある．しかし，価格の高騰はキャップレートの下降を招いて配当率の低下につながることになる．これは，投資家の期待する配当利回りとREITの投資の限界効率であるキャップレートの差が少なくなることを示すものである．

　このように予測において投資が行われることだが，キャップレートの高低は投資誘導の是非を決めることになる．また，信用リスクの回避のためにREIT企業の格付け（rating）なども投資の指標とされる．

2 「定借」の仕組みを考える

　前項では,「定借」に関わる諸制度の現状と問題点を述べたが,その根底には法律や制度としての基本的な課題が幾つかあり,それらを考慮しなければならない．ここではまず,借地や借家契約の更新拒絶における「正当の事由」及び賃料の増減請求における「不相当になった」ことの判断基準とその対応について取り上げる．これらについては,いずれも旧法の趣旨が踏襲され法文化されているが,時の経過や社会・経済事情の変遷により,その視点にも変化がみられると考えられる．また,これらの制度的な仕組みとは別に,技法としての側面からの実態とその変化をみることも有意義であると考える．そこで,これらについての論議を踏まえながら,「定借」の今日的な議論の展開を試みたい.

| 制度における
基本課題 |

　判例にみる課題には,明渡しをめぐる「正当の事由」の判断がみられる．また,地代・家賃の増減額請求の「不相当になった」ことの判断論理にもみられる．借地法や借家法から引き継がれたこれらの課題は,借地借家法でも解釈上の難点となっている.

　「定借」制度は,期限の到来のみで,貸借契約を解消させることにした．また,特約よる地代又は家賃の増減を可能とした．ここでは,法の強行規定である「正当の事由」の判断を回避することができるし,また,「不相当になった」ことの実証も必要としない.

| 「正当の事由」とは |

　借地権の存続期間は法定されており,借家権(賃貸借契約)もまた,契約期間の満了によって終了する．これらの期間は,更新手続により継続されることになる．借地借家法には,借地契約の更新又は継続及び建物賃

貸契約の更新又は解約についての詳細な規定（法5条，26条）があるが，いずれも契約の更新拒絶に対する異議は「正当の事由」があると認められる場合でなければならないとする．契約の更新拒絶に対する異議について正当の事由とされる事項は，新法では具体的に限定列挙されている（法6条，23条）．規定では，土地又は建物の使用を必要とする事情のほか，借地又は借家の従前の経過及び利用状況，立退料を考慮したものとしている．

　正当の事由は借地借家法の中心的な概念であるから，正当の事由の内容をどのようにするかが論議されてきた．論議では，土地の有効利用や地域の状況なども要因としてあげられたが，私法の範囲を超えないことや用語の同義性により，現行の法文となった．また，正当の事由の内容は従来の判例を整理したもので，これまでの正当の事由とは変わらないことも強調されている．裁判例には，正当の事由に関する判断要素，判断基準が変化したのではないかとの指摘もあるが，解釈に際しては従前と変更がないことを前提とすべきとされている．

　このように，「正当の事由」の内容の明確化についての論議は，主要な改正内容の一つとされていた．旧法では「自ら使用する場合その他正当の事由ある場合」とのみ規定されていたが，前述のように限定列挙され明確になったことは，私人間の権利調整を本質とする借地借家法の領域に，都市再開発等の特定の政策目的を導入が避けられたという理解がある．また，裁判実務のあり方について指摘されていた正当事由の判断の利害調整的性格が立法的に追認されたことを意味するともされている．正当の事由については，当事者双方の使用の必要性その他諸般の事情を総合して判断して，その存否を判断することになる．ただ，「財産上の給付」という条文規定で，従来の裁判実務で進められてきた立退料が認められていることは，裁判における判断の余地を大きくしたものとしての問題を孕んでいる．

判断の要素と基準

正当の事由の判断においては，判断の対象となる事項（判断要素）と判断基準が問題となる．判断要素としては，基本的に当事者双方の土地又は建物の使用の必要性であって，これで判断できない場合に従前の経過や利用状況，立退料等が補完的に考慮されることになる．このように，正当の事由の判断の基本は，当事者双方の土地又は建物の使用の必要性によって比較衡量される．旧法で法文化されていた自己使用の必要性だけでは，正当の事由には該当しない．さらに，自己使用の必要性には貸主側の事情も含まれるが，貸主自身に必要性があるかどうかが重要な要素となる．

補完的に考慮するとされる判断要素は，主たる要素である使用の必要性が当事者双方で同等とされるときに作用することになる．ということは，貸主に使用の必要性が乏しいときには，補完的な事由をもって正当の事由を肯定することはできないことを意味する．

補完的要素とされる「従前の経過」は，借地では契約成立時から存続期間が満了した時点までの間で当事者間に生じた事情をいい，契約時の事情，権利金及び賃貸料の支払その他信頼関係破壊の有無等がこれに該当する．なお，更新料支払の有無は，更新料を支払うべき法律上の義務はないとされるので，これには該当しないことになる．なお借家でも，借地と同様な解釈となる．

「利用状況」には，借地では建物の有無，建物の種類・構造・床面積，借主による利用状況等が含まれる．ここでは，土地の有効利用，再開発の要請等を考慮できるかどうかの問題があるが，法文からみて文言上は限定列挙をしているものと解され，含まれないとしている．借家では，借主がどのような目的・態様で利用しているかがこれにあたる．従来の裁判例においても，建物・敷地（土地）の有効利用が正当事由判断の一要素とされているものが少なくないが，この事由を単独に認めたものはない．借家関係では，建物の現状が特有の判断要素となる．特に建物の老朽化等によって大規模修繕や建替えの必要性が生じることを斟酌する

ことはありうるが，正当事由を基礎づける事情として重視すべきではないとされている．

「立退料」その他の財産上の給付について，判例では正当事由判断の一要素と考え，正当の事由を補強するものと解してきた．これを新法では，正当の事由の補完的なものであると認めた．貸主の使用の必要性が乏しい場合でも，立退料を支払えば正当の事由が肯定されるのではないかという危惧がある．これに対しては，法律の附帯決議として「その提供のみによって，正当事由が具備されるものではないこと」が確認されている．

以上が正当の事由の判断要素及び判断基準の内容だが，これらの規定内容は新法施行前の借地権の契約更新及び建物の賃貸借契約の更新に関しては適用されないことに注意を要する（法附則6条・12条）．

「不相当になった」とき

借地法・借家法とも，地代・家賃が租税公課や土地価格の高騰により近隣の相場に比較して「不相当になった」ときは，特約がない限り当事者はその増減を請求することができるとしていた．借地借家法もまた，基本的にこの旧法の規定を踏襲している．法の第11条及び第32条は，借地権及び借家権（賃貸借）の効力として，土地び建物の借賃増減請求権のほか，増減額について当事者間の協議が調わないときの処理を規定している．これらの改定基準には，①租税公課の増減，②土地又は建物の価格の上昇若しくは低下その他の経済事情の変動，③近傍類似の地代及び家賃との比較を挙げている．

ここで問題になるのは，②について旧法の規定に「その他の経済事情の変動」の文言が追加されたことで，「不相当になった」ことの理由が経済事情の変動に軸足が置かれ，土地等の価格変動は例示に過ぎないという位置づけになったことである．したがって，他の経済変動を考量したものが求められることになる．

このことによって，地代等の増額が容易になるのではないか，地価の高騰が地代等に転嫁されるのではないかとの危惧がある．これに対して法案審議では，この改正は裁判実務，鑑定実務の扱いを法文上で明確にしたに過ぎず，旧法との違いはないと言明している．

さらに，地代等に関する特約の効力についても懸念がある．地代及び家賃の増減請求権では，増額しない旨の特約についてのみ効力を認めている（法11条但書，32条但書）．旧法における裁判例には，不増額特約以外の特約のすべてを否定する見解や裁判実務での特約の相当性の評価によって効力を定める扱いもされているように，その判断が輻輳している．

これについて，最高裁（第3小法廷16・6・29）は，原判決が賃料不減額特約に基づいて賃料減額請求を否定したが，不減額特約があったとしても賃料減額請求の行使を妨げるものではないとして高裁に差し戻している．この判決は，一審を取り消した原判決をさらに覆した逆転判決で，借地借家法11条1項の強行法規性を巡る裁判所の判断を異にしたものである．

なお，この規定は，改正法施行前の借地及び借家関係に直ちに適用されている（附則4条本文）．

「継続賃料」を巡る訴訟

このように，「不相当になつた」ことの内容に実質的な変更がないとされているが，「継続賃料」を巡る訴訟が相次いだ平成15年以降の判例（最高裁）を踏まえて考えると，一概に旧法との違いはないと言い切れないことがある．このことは，裁判実務及びこれに主要な位置を占める鑑定評価の実際に現われている．

これらの判例で示した判断要素は，「税負担の増減，土地建物の価格変動及び賃料相場の外，賃貸借契約の当事者が賃料額決定の要素とした事情その他諸般の事情を総合的に考慮すべきである」としている．賃料改定の当否及び相当賃料に関する判断基準として最高裁の指摘した，「決定の要素とした事情」の把握は極めて重要な内容を持つことになる．

賃料改定の当否は，現在支払っている賃料が不相当になったときに限られるから，これが確認されたものでなければならないことになる．このことを，裁判官はどのようにして判断するか，また不動産鑑定士はどのようにして確認するかが問われることになる．このような視点から議論すると，次のように論理が展開されることになる．

まず，継続賃料の係争に重要な位置を占める鑑定評価は，不動産鑑定士が評価基準を拠り所に算定することになるが，契約内容やその後の事情の変化にどこまで踏み込むかについて意見が分かれる．

景気変動によって，一時，不動産価格と賃料との相関関係が崩れ，経済的な数値が混乱した状態になったが，現在は収束している．賃料に関する「個別事情」についての司法の判断も，大筋示されている．広い意味での経済的測定の範囲での判示のように考えられるが，「相当賃料」ということになるとその法律判断に至るまでの過程の答えが難しい．評価基準の評価手法というのは，一つのルールとして決められているが，これだけではすきっとした評価ができない．収益性を考慮した経済的な測定ができるルールにおいて，鑑定評価が成り立つことと思われる．

賃料増減請求権というのは意思表示すれば直ちに効果が生じて，金額については裁判所が決めるというふうに理解されてきた．ところが最高裁は，原点に戻って「不相当になった」ことについて意識を持って取り組み，このことが確認されないと「請求の当否」は判断されない，と7つの判例で強調した．最高裁での法理が裁判でも末端に届かないということだが，鑑定業界でも同様にどのように取り入れるかが当面の作業となっている．鑑定評価基準が外部から見直されることもあるだろう，とも考えられている．

賃料の改定について

そこで，賃料の改定について「不相当になった」ときとはどのようなときか．賃料改定の請求が認められる要件とは何かということになる．既

に詳しく述べているように，借地借家法11条1項及び32条1項の規定には，地代及び家賃の増減額請求権が定められているが，これは既存の賃料の対する増減の提案である．これには租税公課の増減，土地の価格の変動，近傍類似の賃料との比較という3つの要素があるが，これは旧借地法，借家法のときからつくられている．この3つの要素に，平成4年の借地借家法の改正で「経済事情の変動」の要素が加えられたことである．

大切なことは，最高裁の判例の流れによって「経済事情の変動」が入っただけでなく，3つの要素の位置づけが大きく変わり，それらが単なる例示に変わったことで「経済事情の変動」という要素が中心に置かれたことである．さらに，3つの要素の「事実」関係を，最高裁は「事情」へと大きく転換したことである．したがって，3つの要素のどれか1つということではなく，これらの要素を複合した事情で「不相当になった」かを判断することになる．判例では下級審での審理に，この「請求の当否」からやり直すよう指示したということになる．

司法のこのような判断の転換について，不動産鑑定評価の立場からは戸惑いが見られる．それは，「不相当になった」ときの時点や状況の判断に明確な基準がないと評価認定ができないということである．例えば，経済事情の変動がなくて，初めから賃料が不相当であったならば「不相当になった」とは言えないことになる．逆に，不相当になったと言えるには，「経済事情の変動」という要因がなければならないことになる．

これについて，賃貸借契約は当事者が自由に締結したものだから，その意味では適正なものとみなされる．賃料の変更するためには，はっきりとした「事情の変更」があったことが必要になるとの見解もある．この事情の変更は個々の事実ではなく，その他の経済事情の変更にあたるものであるという．不動産鑑定士の立場からみて，その地域の相場賃料ではないと考えられるものでも，事情の変更がない限り認めるわけにはいかないのではないか．いわゆる増減額請求権ということは，法文に具

体的に明示された事情の変更の例示ではないかと思う．また判例では，事情の中には経済的事情のみならず，特にそれで変わったというような個人的な事情であっても，賃料額決定の重要な要素となったものがあれば，これも考慮して含むとしている．

相当とか不相当とかの判断には，経済的事情の変動のみを取り上げるのではなく個人的事情を含むということは当然である．税法では「実質課税の原則」とか「同族会社の行為計算の否認」とかの枠の中で処理されている．最初から不相当だという契約はあり得ないし，その後の事情の変更によって評価をし直すことは当然なことといえる．

特約と強行規定　借地借家法の概要については既に述べているが，法律には，借地に関す借地権の存続期間及びその効力，借地条件の変更等，定期借地権等の規定がある．また，借家に関する建物賃貸契約の更新等及びその効力，定期建物賃貸借の規定がある．加えて，借地条件の変更等の裁判手続が規定されている．ここで述べたいのは，強行規定の存在である．借地の規定に反する特約で借地権者等に不利になるものや借地権の抵抗力，建物買取請求権等及び借地条件の変更に関する特約の無効があり，借家の規定に反する特約で賃借人に不利なものや建物賃貸借の抵抗力，賃貸借終了の場合の転借人の保護及び借地上の建物の賃借人の保護に関する特約の無効の規定がある．

定期借地権なり定期借家（権）の実質的内容として，契約の更新及び存続期間の延長がないことである（法22条・38条）．これらは「定借」の実質を示すもので，例え借地人又は借家人にとって不利なものであっても，これを無効とする強行規定は働かない．即ち，「定借」そのものが有効な特約であるということである．

200年住宅と「定借」

以上が制度的な仕組みについての論議だが，続いて技法的な側面からの問題提起やその対応の仕組みについて述べたい．

政府は住宅を長く大切に使うという，いわゆる「200年住宅」の普及に取り組んでいる．200年という数字に特別の意味はなく，長寿命の住宅を象徴しているのだが，耐久性のある家を建て維持管理をすることで，世代を越えて使い続けるという住まいのあり方を示している．200年住宅を普及するための施策として，助成制度や補助金の支給やガイドラインによる具体像を示す方針である．200年住宅の背景には，住宅の寿命を延ばすことによって，廃棄物を減らすことを目指すこともある．環境問題への寄与だけでなく，所有者にとってのメリットは住宅資産の価額の維持がある．これには，中古住宅の売買が活発になる市場の存在と充実が課題となる．

これまで定着した「一世代一住宅」の世相が崩れ，住宅の長期にわたる使用が求められる．さらに，中古市場で住宅の価値が正当に評価されることになれば，住宅メーカーも価格の安さを競うことだけでなく，価値が目減りしない住宅を供給することにもなる．また，住宅の仕様も，個性的なものから汎用的なものに転換することが予想される．

これらの住宅に対する構想は，施策として単に打ち出されたものでなく，かねてからの方針として，住生活基本法（平成18年法律61）の趣旨に盛り込まれていた．その理念とされるものに，良質な性能・住環境及び居住サービスを備えた住宅ストックがあり，資産価値の適正評価と活用できる市場の形成が挙げられている．200年住宅は，これらに沿った施策と考えるのが妥当である．

長期使用に耐えられる住宅（例えばスケルトン・インフィル住宅／住宅躯体の長期耐用性や内装の可変性を持つ）の建設には，定期借地権が最適である．200年という具体的な年数はともかく，或るハウスメーカーの試算によると，例えば100年耐用の住宅の建築費は30年耐用に比べて3割増しであ

200年住宅の構想

今までの住宅	これからの住宅
・住宅寿命は約30年 ・築20〜30年で価値が大幅低下 ・廃棄物の大量発生 ・中古市場が不十分 ・リホーム市場は停滞	・住宅寿命を100〜200年に ・耐久性・改修により価値を維持 ・廃棄物の減少 ・中古市場の充実・売買が可能 ・新築減・リホーム市場が活発

るという．しかし，これらのコスト増は，土地費の減額で相殺されることになる．1回目の50年の定借期間の終了後，住宅を全面的に改修して2回目の「定借」を行う．これは現行法の枠内でも可能である．

住み替えを前提とする社会

反面，日本の家が短命なのは性能の問題ではなく，家を巡る仕組や文化のために短期間の建替えが最適になっているのではないか，という見方もある．

具体的には，土地と住宅の価格のバランスのことがある．"土地以外は，二束三文"といわれるが，経年による住宅の評価は除却費用として控除する考えがある．したがって，資産を土地で持つことになり，譲るときは更地にする．このような考えに対して，欧米では土地と住宅は，1対1の評価要素を持つとされる．

さらに，土地や家は親から子へ引き継ぐものという考えがある．生涯には家族構成の変化があるので，子育てや介護など生活の変化に合わせて最適な家に移り住むことにすればよい．しかも最後は他人に売ることとすれば，家の維持管理も行い丁寧に住むことになる．先に触れた米国の地域マネジメントやPMO (35頁) のように，資産活用にもつながる．「家は売るもの」という考えを根付かせないと，中古住宅市場も育たない．

200年住宅というが，長く持つという「リスク」もある．今よりも優

れた省エネ住宅が安く，或いは土地余りで広い家に住めるかもしれない．環境の変化，技術の進歩や家族観の変化も見逃せない．200年という間には，予測できない変化が起こる．これらを考えると，住宅のあり方をもう一度真剣に考えなければならないが，「一世代一住宅」の無駄からの脱却を図ることは当然なことである．

下駄履き建築の可能性

かって著者の属する研究グループで，1～2階は店舗で3階以上を住宅にする，いわゆる「下駄履き建築（複合型集合住宅）」の「定借」での可能性が論じられたことがある．現行では，事業用と居住用が混在するので，土地の所有権でしか実現しないと考えられている．さらに，1つの建物に対しては，1つの借地権しか設定できないことになっている．所有権でできるものが，なぜ定期借地権ではできないかというのが，論点であった．

ここでの提案は，発想の転換である．例えば，容積率が400％の土地は，面積として4倍の土地があると考えていい．この土地が階層的に重なり合っていると思えば，1階部分の土地は定期借地権で貸し，2階部分の土地を普通借地権，3階部分以上の土地を事業用借地権で貸して，最上階の土地を所有権で売るということはできないか．それぞれ違う土地と考えればできるはずで，現行法でも理論上は可能と思われる．

それでは，1～2階部分が店舗で事業用借地権で，3階部分以上が一般定期借地権の場合に，1～2階部分の借地期間が満了したときに除却することができるか．これは出来ない．公序良俗に反するものとして当然に無効であり，権利の乱用に当たることになる．

このように複合建築では，空間ごとに所有権がそれぞれ上下に重なっているだけと考えれば，当事者の合意によって契約内容を定めることができる．定期借地権も今後このような複合形態において活用される可能性がある．そのためには，法律制度も変える必要がある．現行法でも理論的には可能だが，建物の「収去義務」とか「収去の権利」を認めると

崩れてしまうので法律の改正は必要だが,「建物収去禁止」という保障があれば,複合型定借集合住宅が可能となる.

この研究グループでは,以上のような論議が交わされた.わが国と欧米の土地所有権の観念は従来異なっていたが,「定借」によって一歩近づいた.土地利用権には期間の制限があってしかるべきだという点で近づいたことになる.ここでは,空間という3次元の世界から時間も考慮した4次元の世界に移行することで,期間の定めがあって始めて土地であるという意識を持つことの大切さを示唆している.

密集事業と「定借」

マグニチュード(Mクラス)の首都圏直下地震の発生は,"いつ起きてもおかしくない"とされる.予知は不可能だが最悪の場合,政府は死者は約1万1000人,全壊する建物は約85万棟に達すると予想している.政府の中央防災会議は,最悪700万人と想定される避難者と約650万人とされる帰宅困難者を減らす具体策を検討している.

最近の都市直下型地震は,1948年6月の福井地震と1987年1月に阪神・淡路大地震が発生しているが,いづれも地震による住宅の倒壊及び同時に発生した火災による被害が甚大であった.阪神・淡路大震災にみると,多発延焼火災によって約65％に及ぶ市街地が焼失し,断水によって消防が殆ど不能のまま道路や公園,耐火建築物による焼け止まりがみられた.これらのことから,市街地を道路や耐火建築物等によって延焼防火帯を設けることの有効性が認識された.特に,老朽住宅密集地や住商工混合地区の防災対策,軟弱地盤地域での建物の倒壊防止への対策の必要性が確認されている.

ところで,被災時の復興については,瞬時に国家的事業として取り組むことになると考えられるが,予防的な都市防災についての進捗が危惧されている.例えば,東京都における「防災都市づくり推進計画」(03年度〜25年度)によると,都内の市街化区域を対象として,木造住宅密

集地域が連なる23区及び多摩地域の7市で延焼遮断帯を整備する．また，震災時に甚大な被害が想定される地域を整備地域（6500㌶）に指定して，基盤整備型事業等を重点化して展開し，早期に防災性の向上を図ることにしている．

しかし，これらの整備計画のうち，公共事業に係るものは行政によって進捗されたとしても，住民側の経済的負担となる建物の不燃化及び密集地対策は，殆ど手がつけられていないのが実情である．住宅や建物の耐震化助成も行われているが，その活用は極めて僅かであるという．防災についても公共が負担する部分と住民自らが負担する部分がある．このことを認識しない限り，完全な防災対策が取られないことになる．

そこで，東京都が数値目標とする不燃化率70％にはほど遠いが，個人の老朽住宅の建替えに「定借」を活用できないかと考えた．住宅密集地の態様には，住宅及び住環境の貧困さがあるが，もともと資産としての永続性に乏しいことがある．"住むことと安全は自前で"といわれても，建替資金の調達が難しいこともある．これは，耐震化助成金の活用が少ないことでも証明されている．さらには，「密集法」といわれる防災整備事業手法にも問題がある．防災街区整備組合の設立，まちづくりノウハウの提供や融資，事業の要件緩和があっても，個人住宅の建替えは停滞している．

密集住宅地には，狭い路地に老朽・狭小住宅が連担し，建替えは敷地問題から解決しないと進まない．そこで，建築基準法86条2項に定める「連担建築物制度」を適用し，袋地状敷地や接道のない不適格建築物を自己借地権を含む区域内全員での定期借地権で建て替えることができると考えた．そして都内3区の整備地域で，次頁の図のような住民説明会を行った．未だに成果を得られていないのが実情だが，このような試みは「定借」の特性を生かしたもので，今後の「定借」の一方向を示したものと受け取っている．

■定期借地と連担建築物設計制度を取り入れた住宅の建替えの適用例

◆適用例の具体的条件
- ●定期借地権を設定(自己借地権を含む)する。
- ●連担建築物設計制度(認定条項に合致させる)を適用する。
  - ・道路を含まない連続した土地の区域(敷地が2)で、通路の管理および建築物(専用住宅・兼用住宅)の計画などを協定する。
  - ・密集住宅市街地整備促進事業などで既成市街地の環境をよくする。(面積制限)
  - ・準耐火建築物とする。(既存建築物を除く)
  - ・道路に4m以上(道路状敷地含む)接する。
  - ・敷地内通路は幅員2mとする。(共同住宅の場合は幅員6m・4mの2通路)
  - ・建物の道路斜線は、区域全体を一敷地として考える。
  - ・日影規制あり。
  - ・容積率は、区域全体で算定する。
  - ・区域に認定掲示板を建てる。

◆適用例

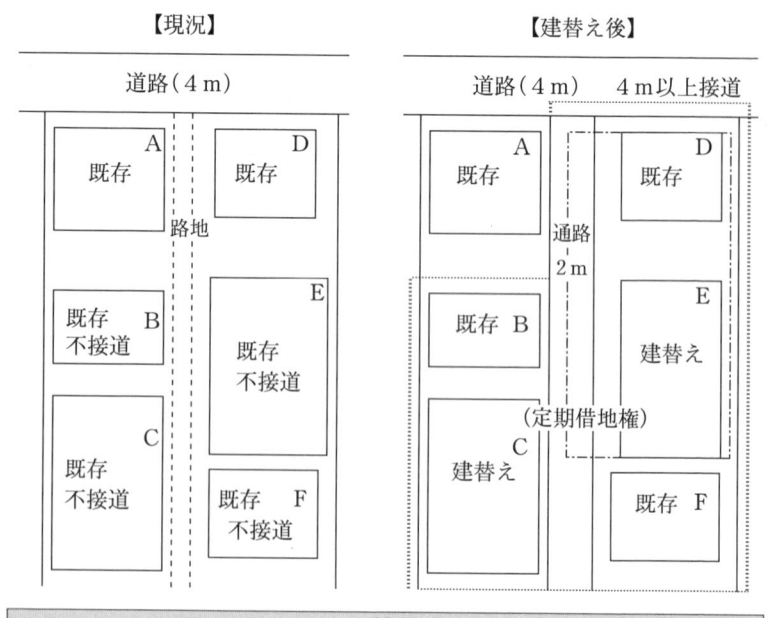

【現況】

道路(4m)

A 既存	D 既存
路地	
B 既存 不接道	E 既存 不接道
C 既存 不接道	F 既存 不接道

【建替え後】

道路(4m)　　4m以上接道

A 既存	D 既存
通路 2m	
B 既存	E 建替え
(定期借地権)	
C 建替え	F 既存

3 「定借」の展望

「定借」は，わが国の民法を起因とするさまざまな矛盾から解放するための土地利用制度として生まれた．「正当の事由」条項によって借地・借家関係が強化されたものの，借地制度は現実の土地利用状況から遠ざかっており，借家制度も均衡を欠く利用を余儀なくされてきた．ここでは，民法制定から100年の経緯を踏まえて，それに対する科学的な反省から生まれた新しい利用制度としての「定借」を展望する．

| 「定借」の普及 |

定期借地権・借家（権）制度が借地借家法に定められ，施行されてから15年を経過したが，その利用件数はまだ少数である．「定借」が普及しないのは地主が土地を出さないから，また家主がこの制度を必要としないからだとも聞く．一方，数においては不十分でも，「定借」によって質の高い住宅が得られ，事業用では利用件数を把握できないくらい普及しているとの報告もある．さらに，「定借」は個人や民間企業よりも，国や地方自治体での採用が高まっているといわれる．

制定時には一気に「定借」に向かっていくという風潮にあったが，この際，都市における土地利用は本来どうあるべきかを考えないと，拙速にして民法100年の過誤を繰り返すことになる．この点から定期借地権の50年という期限は，意味のあるものとして受け止めなくてはならない．これからの「定借」の普及のなかで，息の長い育て方が必要と考えられている．

「定借」制度は，現時点でも有効に使える手段である．できることから活用すればよいことで，一気に先取りできるものではない．例えば，SI住宅（system intergration 情報システム住宅）を作ると初期建設コストが高くなるが，「定借」を利用すれば土地分がかからないので，建設コス

トの増加分を吸収できる．政府が推奨する200年住宅にしても，同様である．特に，一般定期借地権は50年以上の土地利用が保証されているのだから，所有者との合意によって建物賃貸や借地譲渡・転貸など長期にわたる利用方法も考えられる．

社会的な寄与

土地にしろ住宅であっても，所有者は「公共福祉の優先」と「適正な利用」を図ることが要請される．このことについては既に触れているが，土地の公共優先と適正な利用及び住宅の良質な性能と居住ニーズの実現などである．

これらの所有者の社会的な寄与という観点からは，「定借」は最適な方式といえる．従来の借地・借家権ではできなかったものが可能になった．そのためには，企業を含めて所有者には，価格の変動に左右されない「社会的寄与」と「相応の収益」を確保する資産活用のプログラムが存在しなければならなくなる．

かっての地主・大家という社会的な身分と違って，今日では所有者ということで処理される．所有者が何らかの社会的な貢献をしたいというならば，所有を継続することは，単に土地を売却することであったり家賃を収得する立場であってはならない．このような所有者であり続けることを，積極的に位置付けたい．これには，資産活用のプログラムが必要となる．これに対して「定借」は，利用可能で最適な方式を提示したことになる．

定期借地権や定期借家（権）は賃借権であるが，存続期間の賃料の一括受領も期間収益として認められているので，地価の上昇とか賃料の増額とかに関わりなく，相応の収益を確保しながら社会に貢献することになる．「定借」が制度化されたことの意義がここにあると考える．

土地費負担の軽減

定期借地権は，建物所有のための土地費の負担を大きく軽減する．定期借地権は空間的にだけでなく，

時間的にも限定された土地利用権である．土地費負担の軽減は，定期借地権の中味といってもよい．定期借地権は借地権ではあるが，視点を変えればその期間だけ土地の利用権を売ることであるとも考えられる．これは，先に述べたリースホールドに相当する．

旧借地法での借地権は「法定更新」の制度があり，「正当の事由」条項も働いていて殆ど所有権と変わらなかった．定期借地権は借地人に土地の利用権限を与えるが定期に終了することで，土地に生じた増価分を含めて土地の価値は借地人に移転しない．

定期借地権はキャピタルゲインの帰属に関わりのない土地利用権であって，地主も借地人に権利金を要求しない．したがって，借地人も莫大な金を用意しなくとも土地を利用できることになる．定期借地権付きの住宅はなぜ安くなるのか．それは，いままでの空間的なものとしての土地に，時間的な要素を加えることができるようになったからである．必要な土地を買う場合に，敷地面積と容積率に時間の要素を加えて，100年必要な人は100年間買う，50年で足りる人は50年間買うことになる．これが定期借地権である．

土地利用の関係改善

借地や借家は，貸主と借主の信頼関係によって維持される．契約当事者が直接に取り結ぶ関係，すなわち，貸し手と借り手の関係だが，従来は良好であったとは言い切れない．その原因は，借地契約の解除にはキャピタルゲインの移転が生じるからであった．地主とすれば，自分の土地の増価分の殆どを立退き料（契約解除の際の金銭給付）として借地人に支払うことは納得できないことである．一方，借地人は法律で定められたものであるから遠慮することはないと考えた．このような利益の不均衡が，地主は土地を貸さないという事態を引き起こした．

定期借地制度は，この関係を改善するものと考える．「定借」で土地を貸せば，地代が得られ，固定資産税も軽減される．そして土地は必ず

返還される．自己の利益が確実に図れるならば，地主も借地人との関係を大切に考えることになる．借地人も土地を借りられれば土地を購入することなく住居費の節減を図ることができる．これも，土地所有者という相手があっての利益である．契約関係とは本来，このような平等・互恵の意識があるものである．対等となった契約は順守されるようになり，契約時に予期しなかった事態も協議によって解決も図られる．

一方，社会全体からみても，これによって土地利用は効率的なものになる．例えば50年の存続期間を単位とするならば，期間終了時には土地利用者は交替することが通常となる．今日では，それをむやみに超えた期間の利用は必要としない．生産される財は一時的に不足してもバランスされ入手できるが，土地は或る人が独占すると他の人は締め出される．土地は空間だけでなく，時間的な再配分を考えなければならない．土地は公共財であるから，これを公平に享受する社会をつくらなければならないが，定期借地制度はこのようなことを可能にする方法でもある．

「定借」の事業化

定期借地制度を活用した事業を最初に取り入れたのは，不動産業界のなかでもハウスメーカーである．現在では，それ以外の企業も「定借」を財務改善や資産運用の手段として活用しているが，全体としては拙速を戒めるべきと考える．これまでに述べた制度の意図を理解し，方向を見定めての活用が望ましい．

ハウスメーカーが「定借」に取り組んだのは，住宅を売るのが商売だから定期借地権で土地費負担を少なくして販売促進ができるメリットがあるからである．ハウスメーカーは，土地購入の負担なしに住宅を建て，分譲することができる．しかし，土地所有者と最終需要者との間の貸借関係・税金・融資などの必要な事項を処理し，場合によっては契約存続中の借地関係や終了時の処理に関与することにもなる．土地購入のための負担がないことは，事業者にとって魅力なことになる．また，分譲す

る場合にも諸方式があり，これらの一連の処理過程での報酬も期待できる．

　不動産業界がこの制度に関心を持つのは，それが総合的なビジネスチャンスだからだが，本来は，「定借」による良質な住宅と住環境の提供を意図していることを忘れてはならない．さらには，「所有から利用」への転換にどう貢献するかの問題意識も必要になるのではないか．

集合住宅の維持　先に200年住宅（121頁）について触れたが，ここでは100年マンションについて述べる．内容は，土地付き分譲マンションの宿命である建替えを定期借地権で解消するというものである．

　マンションのストックが約500万戸となって，国民の1割を超える約1300万人が居住している．マンションは都市部を中心に，重要な居住形態として定着している．しかし，築後30年を経過したマンションは約100万戸にも及ぶとされており，スラム化の問題も指摘されている．

　昭和37年（1963年）に，「建物の区分所有に関する法律」が制定された．いわゆる区分所有法である．昭和58年に全面改正されたが，この法律の改正には幾つかの重要な改革がされた．その一つが，マンション建替え制度である．老朽化によって住めなくなることに備えて，建替えに区分所有者の全員一致を必要としない多数決（5分の4以上）を導入したことである．また建替えが決議された場合には，反対者に対し区分所有権の売渡しを請求することができることになった．この売渡し請求権は形成権であって，相手の承諾を必要としない．

　しかし，多数決による建替えといっても，反対者があれば建替え工事が遅れることがある．一人の反対者でも仮処分の申し立てがあれば，裁判所の決定を待たなければならない．その後，平成14年には「マンションの建替え円滑化等に関する法律」が制定され，建替組合の設立，権利変換方式の採用などの手続きの円滑化が図られたが，事情は同じである．

ところで,「定借」によって集合住宅を供給した場合には,このような問題は起こらない.この場合の条件には,マンションは50年持つということがあるが,これは可能なことである.50年経過して借地期間が満了したときに定期借地人(区分所有者)は,建物を壊さずに取壊し費用を出して退去すればよい.土地所有者は暫くの間賃貸に振り向けてもよいし,取り壊して新しいマンションを建て,また定期借地権付きの分譲もできる.このようにすれば,建替えにあたって区分所有法上の手続きは必要としない.

さらに,100年持つマンションを作れば,50年で土地と建物が返ってくるのをリホームして再度分譲することができる.50年と100年とでの建築費の違いは30%の増というから,その程度の負担なら可能ではないか.

まちづくりと「定借」

住環境のために新しい条件を創り出すこと,つまり,「まちづくり」に「定借」を使うということである.まず,最近の土地所有者の考えに触れる.それは,土地を売らないで緑地として公共に提供することで,土地所有者として社会に貢献するが,自分たちの提供する土地を適正な対価で利用して貰いたい,ということになる.これらの土地提供を目的としたグループが,各所に生まれている.

これらの土地所有者は,相続税や固定資産税などの切実な問題から出発しているが,市街化された自分たちの「まち」に緑を残したいという気持ちがある.緑の保全のために,自分たちの土地を保安林の指定を受け,公共のための地上権を設定させて,住宅は定期借地権とする.そうすれば,整然とゆとりのある緑の多い「まち」になる.

こうなれば自治体としても,用地費の負担を少なくした公共施設を確保できることになり,"買わなくともよいものは買わない"ということになる.100年なら100年と限定して,「定借」で土地利用権を買えばよい.自治体は賃借権では法的に駄目というなら,地上権にすればよい.

土地所有者も収得する地代は低廉でも,相続税の評価で利益を得ることになる.現に,このような考えを基本とした「緑住農一体型住宅地」が模索されている.このような土地を持つ住民側の積極的な行動にあわせて,行政の姿勢も改善されなければならない.特に,地域のグローバル化が進む市町村には,分権化に対応した「まちづくり」を総合する計画性が求められる.

農業改革と「定借」

農地に定期借地権を設定できる制度を創設する動きがある.政府の経済財政諮問会議で,農業改革の具体策として議論された.その際,民法の規定で20年とされる賃貸期間を超えることのできる定期借地権の創設が検討された.会議ではこのほかに,農地改革や農業への企業参入など9項目が提案された.その後,農地の貸借を原則自由化する農地法の改正や民法(債権)改正にあたり,農地の所有と利用の分離のための法整備(永小作権に代わる農用地上権)を行うことが検討されている.

ところで,日本の農業構造は戦後の農地改革によっている.農地改革により小作農から自作農中心の体制に移行した.一方で,多くの小規模農家が生れ,1952年に制定された農地法により農家以外からの農業への新規参入は難しくなった.専業農家は自給的農家を除けばの全体の23%で,就業者数で4%,GDP(国内総生産)で1%にすぎない.今日の農業は国内外の経済社会活動に組み込まれた産業の一分野であり,環境変化による変革に迫られている.政府は,小規模農家の離農を促進して農地を集約し経営規模の拡大を目指しているが,米価水準,休耕地補償などの農業所得の維持策によって兼業化が進んでいる.耕作放棄地は農地の1割にあたる約40万㌶で,ほぼ埼玉県の広さに匹敵するといわれる.

新制度では,農地を手放したい農家から委任を受けた仲介者が賃貸や売買契約を代理できるようにする.また,農地集約を促す支援も行うことにする.これは大規模経営を目指す企業の農業参入を促すことにもな

るが，農業生産法人への規制緩和や税制の見直しを含めて，「自作農主義」である現行制度の改革である．その前提になるのは，現行の農地法が意図する権利移動や転用の制限を，どこまで「所有から利用」への転換ができるかにかかっていると考える．

農地の仲介については，既に全国農業会議所が立ち上げた仲介情報サイト「農地情報提供システム」で閲覧できる．所在地や面積，価格といった基本情報が得られることになる．このシステムは誰でも利用できるが，耕作面積の拡大や農業への新規参入を目指す取引が対象となっている．

「定借」の展望

定期借地事業は，ほぼ5年毎に変化，段階的に進展しているといわれる．借地借家法が施行され，事業化が行われた平成4年(1994年)以降の第1段階では，土地費を含まない住宅の取得手法として認知され，一般定期借地権による戸建て・マンションの建設が先行した．3大都市圏を中心に，年間2～5000戸の郊外型戸建て住宅が普及した．

第2段階となる98年には，地価の低い地方へと浸透し，住環境を重視した定借分譲が住宅地モデルとして注目された．住民協定などの地域マネジメントも試みられ，コミュニテイの維持についての工夫もされている．旧都市整備公団・住宅供給公社による「底地買取り定借」も登場した．さらに，事業用定期借地の事業規模も大きくなり，東京都臨海部の都有地の定期借地など全国的な展開をみせた．

第3段階の02年になると，地方自治体の遊休地での戦略的な活用が検討され，PFI事業にも活用されることになる．ここでは，地方自治体の公有地の定借活用事例が数多く実現した．旧都市整備公団が大規模ニュータウンの戸建て分譲地を，定期借地権付きで販売したのはこの時期である．その後，都市機構となって戸建て事業から撤退したが，「民間供給支援型賃貸住宅制度」による「定借」の活用を深めている．さら

に，民間の住宅戸数200～400戸台の大型プロジェクトにも，「定借」が活用される事例がみられるようになった．

08年以降の現在に至る第4段階では，前払賃料方式の採用，事業用定期借地の期間の延伸などの制度改革が行われて，「定借」の展望が開けている．医療・介護・福祉分野における活用，公有地での定借ビジネスの活況など定借事業の活性化がみられる．また，企業が所有する不動産の管理・運用にも定期借地が選択され，今まで以上に商業施設や物流施設などで事業用定期借地権が活用されると思われる．さらには今後，街づくりや再開発事業の核として，社会的観点からも「定借」が活用される時代が到来するのではないかと考えている．

定期借家事業についても変化がみられる．通常，共同住宅（アパート）や賃貸マンションでは普通借家権がとられるが，1棟全棟を「定借」とする事例もでてきた．賃料収入の安定や契約更新の煩わしさを避けるための対応と考えられる．

さらに大きな変化として，都市機構の賃貸住宅に「定借」の幅広い導入がされることがある．都市機構の賃貸住宅数は約77万戸ともいわれ，これまでは建替え実施中の団地で解体予定の住棟に限って一定期間貸し出していたが，09年からは一般団地にも定期借家権が導入されることになった．第一段として，32団地約3万戸が対象となる．

これは「規制改革会議」答申に応じる閣議決定によるもので，賃貸年代・立地・家賃などの代表例とされる団地を試行的に選定したものだが，団地再生事業を予定している住宅は定期借家契約による空家募集が実施される．方針では，都市機構の全賃貸住宅ストックの2割にあたる住宅のすべての新規入居者に対し定期借家契約が締結されることになる．なお，契約の内容は，契約期間は5年（途中解約は可），期間中の家賃改定は行わないとしている．

これに対し借家人保護の立場から，「正当事由」の廃止や居住の継続・安定が脅かされるとしての抗議があるが，今後これらの措置が公営

住宅に及ぶことも考えられる．新設や約220万戸といわれる公営住宅の建替え事業も当然に行われることであり，その去就が注目される．賃貸住宅のこれらの動きは，これからの「定借」にとって大きな課題となることに違いない．

あとがき

 もともと借地は，期限が来れば土地を返し，期限を過ぎても必要とするならば更新を図るものである．"貸りたら返す"ということは基本であるが，契約更新での正当の事由とか，金銭的な借地権割合とかで歪曲した借地関係があった．これらは，定期借地権が法定されたことですっきりとした形となった．借地には，市民生活や事業活動の基盤を獲得するための手段として様々な解があり，その形態は営為のストーリーに満ちている．

 使用収益の権能の最たるものは所有権だが，借地権も地上権に極めて類似した機能を持っている．所有者でない者が使用する権原を取得し，安定的使用を可能とするものだが，永久にまたはこれに準じる長期にわたっての存続は否定される．このことは，借家も同様な趣旨において，規律されている．したがって，期間という概念によって借地・借家関係が確立するということになる．

 200年住宅ということが話題となっている．「住宅の寿命」のことだが，おおよその傾向は分かる．現存する住宅戸数を年間の新設戸数で割ると値がでる．最近の傾向では，日本は約40年と各国に比べて群を抜いて短い．土地と建物を別けて考えるわが国の風潮（制度的なものもあるが）に対して，一体と考える諸外国との違いが，資産としての価値や居住環境への配慮までに影響を与えている．

 長持ちする住宅を考える場合に，2つの方位があると考える．1つは，構造体が頑丈で，実用からの見地である．これは鉄筋などに限らず，木造にも当てはまる．2つは，住宅の風合いの年輪を重ねたもので，保全を意味する文化の視点である．

 03年の時点で既に，住宅数は世帯数を663万戸も上回っている．居住している住宅の37％が借家である．さらに，住宅ストックの約4割が築

後30年を経過しており，老朽化に対応する取組みが待たれている．

　質の高い住宅の条件は，一つには「長く住める家」である．土地は値上がりするという神話が消え地価が下がり続ける今，土地・住宅の資産価値をいかに維持するか，いかに高めるかが課題である．そのキーワードに「住環境」があげられる．住環境には，交通・自然・教育・医療・ショッピングの5分野がある．さらに最近では，犯罪の発生が不動産価値の下落に及ぶ可能性も言及されている．

　わが国の住宅の質は，建築基準法（81年に耐震基準の改正）で裏打ちされ，耐震性能が3段階（品確法・00年）に指定されている．震度6強の地震で倒壊する確率は低いが，震度7になると大幅に増大するという研究結果がある．安全への投資は資産価値を高めることになるが，割増しの費用や住宅市場の関係もあって容易に効果が表れない．

　09年に，3,400億円の住宅減税が行われる．住宅関連産業は裾野が広く，経済への波及効果が大きいのもあって景気回復対策に盛り込まれた．08年のGDPはマイナス12.7%（年率換算）とされ，35年ぶりの経済成長減少率となった日本は，欧米と比べても突出している．欧米より，輸出に依存する度合いが大きい経済構造であることが原因とされている．世界経済が同時不況に陥ったこともあるが，生産・雇用・消費と金融から実体経済へと移行した．

　米国の住宅バブルとその崩壊は，金融市場の危機，企業の破綻へと連鎖している．発端となった米国での住宅バブルは，住宅需要の見通しに対する楽観が過剰供給と過剰在庫を生んだもので，住宅価格の急落と住宅ローンの不良債権化を引き起こした．住宅から金融へと経済危機が拡大したものとして，市場の存在や表裏一体の機能を持っていることを痛感している．

　本書は，定期借地権・定期借家権の「理念と実際」を述べている．したがって実務書ではあるが，資産活用などについて語るいわゆるハウツーものではない．

著述はNPO首都圏定期借地借家権推進機構での講座内容をベースにしているが、「定借」の基本的な解釈は参考文献によっている．そのほかに、不動産市場の動向や金融の実態、ファイナンスの現状の言及には専門誌・新聞論調を参考にした．

　借地・借家実態の分析には、国土交通省などの調査記録を用いた．「定借」制度や政策的な意図の解明には、土地基本法や住生活基本法の理念を主題として展開した．借地・借家権の保護についての強行規定の存在を強調し、契約における法的な留意点をやや詳しく述べている．さらに、基本法である民法との関係についても、旧借地法・借家法に溯った解釈を試みた．

　「定借」の事例や実態にも触れ、戸建てと集合住宅に分けて検証した．貸借の特殊な形態や都市開発事業での「定借」の活用にも言及している．「定借」の環境を市場や投資の側面から観察する試みも行った．土地・住宅の価格変動やバブル問題に金融が深く関わっている実態や土地・住宅の宿命的な存在にも触れた．政策による地価・価格・賃料への影響、不動産ファンドや投資に関しての現象を考察して、今日的な議題として論じている．展望では、「定借」が社会的に寄与にする制度であることを確認し、事業化の促進・制度の広角的な活用について提言している．

　著者が機構の調査部門の一隅に席を寄せてから、3年が経過した．その間、故森下俊夫理事長を始め機構のメンバーとの語らいの中で記憶にあるものを活用させて頂いている．したがって、本書は、機構の関係各位の後押しでまとまったものと思っている．また今回も、畏友の稲垣雅彦氏（街づくり総合研究所）から著作資料の提供を受けた．末尾で大変失礼ながらお礼を申し上げる．

　2009年8月

荒木清三郎

事項索引

い
一時金の償却と課税 …………………59

か
開発利益 ………………………………14
格付けと担保 …………………………21
借賃の増減額請求 ……………………44

き
基準地価 ………………………………17
強行規定 …………………………37, 42, 120
期限付き借家 …………………………51
金融派生商品 …………………………16

こ
公示地価 ………………………………17
公正証書 ………………………………57

さ
再開発事業 ……………………………66

し
資産価値 ………………………………21
市場原理 ………………………………25
住　宅
　　――「公から民へ」 ………………14
　　――の質と量 ……………………19
住宅市場 ……………………23, 25, 89
　中古―― ……………………25, 84
住宅政策の変遷 ……………………102
住宅投資 ………………………………23
住生活基本法 …………………………31
事業用借地権 …………………………71

借
借地借家法 ………………………27, 37, 46
借　家
　　――契約 …………………………39
　　――権 ……………………………49
　　――権（種類と条件・表） ………60
　　――権の保護 ……………………43
　　――の特殊な形態 ………………65
借家法 …………………………………49
借　地
　　――期間と耐用年数 ……………57
　　――権 ……………………………48
　　――権（種類と条件　表） ………56
　　――の特殊な形態 ………………63
借地法 …………………………………49

す
「ストック重視」 ………………………21

せ
正当事由 …………………………74, 113

ち
地域マネジメント ……………………33
地価の変動 ………………………17, 105
地上権 …………………………………39
賃貸借権
　　――の物権化 ……………………40
　　――の安定化 ……………………42
　　――の保護と制限 ………………43
賃料 ………………………………90, 108

て
定期借家

諸外国における── …………75
韓国での── ………………77
　──事業者調査 ……………86
　──入居者調査 ……………87
　──持家の実態 ……………82
　──家主調査 ………………87
定期借家権 …………………52, 59
定期借地
　中国での── ………………78
　──供給実績 ………………81
　──契約書の記載項目(表) ……58
　公共主体による── …………83
　──戸建て住宅 ……………56
　──事業方式のフロー(表) ……58
　──事業方式の分類(表) ………56
　──集合住宅等 ……………62
定期借地権 …………………29, 50

と
登記 …………………………37
投資利回りとキャッシュフロー …110
土地
　──「所有から利用へ」 …………28
　──「民から公へ」 ……………13
土地基本法 ……………………29

土地利用 ……………………13, 18

に
200年住宅 …………………20, 121
任意規定 ……………………37, 53

ひ
PMO(資産活用) …………………35

ふ
不動産
　──市場の動向 ……………92
　──登記簿（土地・建物）………41
　──投資と金融 ……………94
　──投資行動 ………………93
　──の証券化 ………………16, 21
　──ファンド ………………15, 106
　──流動化と金融商品化 ………16, 97
フリーホールド ………………35, 75
プロジェクト・ファイナンス ………95

り
RIET(不動産投資信託) ………98, 106
リースホールド ………………35, 75

■参考文献■

阿部泰隆『定期借家のかしこい貸し方・借り方』(信山社・2000・2)
阿部泰隆 野村好弘・福井秀夫編『定期借家権』(信山社・1998・3)
内田 貴『民法Ⅰ 総則・物権総論』(東大出版会・1999・3)
森 孝三「不動産の賃貸借と用益物権」(『民法入門(1)』収録)(有斐閣・1977・1)
稲本洋之助「定期借地権の将来展望」 講演記録 (ミサワホーム㈱・1996・11)
三澤千代治『2050年の住宅ビジョン』(プレジデント社・2001・4)
日本土地法学会『借地借家法の改正』(有斐閣・2006・4)
福井秀夫・久米良昭・阿部泰隆編集『実務注釈定期借家法』(信山社・2000・2)
高 翔龍『韓国法』(信山社・2007・8)
近藤丸人「中華人民共和国における土地使用権および抵押権の物権的位置づけ」(『中国の開発と法』収録)(アジア経済研究所 1993・1)
銭 海濱「中国の都市地価変化に関する研究」〔不動産研究〕(2000・7)

勝木雅治「セミナー・継続賃料評価を考える」〔不動産鑑定〕(2007・8)
日本不動産鑑定協会「収益還元手法の精緻化」 研修会テキスト・ノート
(2008)

室津欣哉「定期借家制度と不動産市場」〔不動産研究〕(2000・7)
根本祐二「不動産投資の最近の動向と金融の視点」〔不動産研究〕(2005・4)
市川 丈「最近の不動産市場の動向について」〔不動産研究〕(2007・1)
飯田英明「新たなファイナンス手法の導入」再開発コーディネーター協会
(2004・3)
斉藤広子「まちづくりのための新手法」 首都圏定借機構講座テキスト
(2007・3)
中城康彦「英国リースホールドの時間と空間」 首都圏定借機構講座テキスト
(2007・3)
定期借地権普及促進協議会「全国定期借地権付住宅の供給実績調査」
(2005・6/2004・6)
国土交通省「定期借家制度実態調査の結果」(2007・7/2003・9)

〈著者紹介〉

荒木 清三郎（あらき・せいざぶろう）

1956年中央大学経済学部卒・1957年商学部聴講生／再開発プランナー
東京都庁に勤務、建築行政・都市開発事業を担当(建設局参事)して、
「葛西沖土地区画整理事業」、「亀戸・大島・小松川地区市街地再開発事業」、「大川端地区特定住宅市街地整備事業」などに従事した。

現在は、（協）街づくり総合研究所客員研究員及び NPO 首都圏定期借地借家権推進機構特別調査役として、マンションの建替えや密集市街地の整備に携わっている。

著書に「マンション建替えの実務」(週刊住宅新聞社)のほか、街づくりに関する論攷がある。

信山社双書
実際編

「定借」の活用と実際

2010（平成22）年6月20日　第1版第1刷発行　1121-4:020-002

著　者　荒　木　清三郎
発行者　今　井　　　貴
発行所　株式会社　信山社

〒113-0033 東京都文京区本郷6-2-9-102
Tel 03-3818-1019　Fax 03-3818-0344
henshu@shinzansha.co.jp
笠間才木支店編集部 〒309-1611 茨城県笠間市笠間515-3
Tel 0296-71-9081　Fax 0296-71-9082
笠間来栖支店編集部 〒309-1625 茨城県笠間市来栖2345-1
Tel 0296-71-0215　Fax 0296-72-5410
出版契約No. 2009-1121-4-01010　Printed in Japan

Ⓒ荒木清三郎，2009　印刷・製本／エーヴィスシステムズ・渋谷文泉閣
ISBN978-4-7972-1121-4 C3332　¥1500E　分類324,521-h001
p148, 1121-01011:013-150-050-200〈禁無断複写〉

法学の授業を担当していると、六法を持っていない受講者を見かけることがある。成文法主義をとるわが国では、法学の学習にとって六法は不可欠のものである。この六法はとくに法学の講義用に編集されたもので、そのため、収録条文も工夫して絞り込んであるが、法学の授業における実定法の条文に関する情報量は十分であると思う。受講者はこの六法をとおして法律に親しんでもらえるものと確信している。私は法学の授業を永年にわたり担当した経験者として、この『法学六法'10』を推薦したいと思う。
2010年10月　石川　明

編集代表　石川　明・池田真朗他
法学六法'10
四六並製箱入り携帯版　544頁　1,000円

編集代表　石川　明・池田真朗他
標準六法'10
四六並製箱入り携帯版　1090頁　1,280円

編集代表　芹田健太郎
コンパクト学習条約集
四六並製箱入り携帯版　544頁　1,450円

編集代表　小笠原正・塩野宏・松尾浩也
スポーツ六法'10
四六並製箱入り携帯版　800頁　2,500円

編集代表　田村和之
保育六法'10
四六並製箱入り携帯版　712頁　1,880円

編集　甲斐克則
医事法六法
四六並製箱入り携帯版　560頁　2,200円